Open Revelation 2020

# 열린 계시록과 한국 통일

영으로 본 한국 역사

박 제 이 지음

CLC

기독교문서선교회(Christian Literature Center: 약칭 CLC)는 1941년 영국 콜체스터에서 켄 아담스에 의해 시작되었으며 국제 본부는 미국의 필라델피아에 있습니다.

**국제 CLC는** 59개 나라에서 180개의 본부를 두고, 약 650여 명의 선교사들이 이동도서차량 40대를 이용하여 문서 보급에 힘쓰고 있으며 이메일 주문을 통해 130여 국으로 책을 공급하고 있습니다.

**한국 CLC는** 청교도적 복음주의 신학과 신앙서적을 출판하는 문서선교 기관으로서, 한 영혼이라도 구원되길 소망하면서 주님이 오시는 그날까지 최선을 다할 것입니다.

# Open Revelation 2020

*Written by*
Jay Park

Korean Edition
Copyright © 2016 by Christian Literature Center
Seoul, Korea

## 추천사 1

**지배선** 박사
연세대학교 명예교수

『열린 계시록과 한국 통일』은 믿는 우리가 어떻게 믿어야 하는지 우리의 참 신앙에 대한 해답이다. 저자는 그간 『생존의 영을 받아야 산다』, 『한국의 적그리스도』, 『희망의 영』, 『차세대코드 23』, 『하늘의 코드 23』, 『영으로 개혁하라』, 『능력을 넘어서』 등을 저술했다.

당나라의 대진경교유행비가 전해졌다. 다시 당의 장안에 경교가 전파되었다. 또한 저자는 『금사』, 『만주원류고』, 『송막기문』에 나타난 고조선의 뿌리와 중국의 관계를 알고 깨달아서 문화혁명 이후 핍박 받는 중국의 믿음의 형제들의 역사를 조명하였다.

동시에 저자는 계시록의 시대를 바라보면서 복음을 전혀 접하지 못한 중국인들에게 그리스도의 사랑을 가지고 누구나 꿈꾸는 미국에서의 안정되고 성공한 삶을 버리고 선교사의 길을 택한 하나님의 종이다.

이 책을 통하여서 오직 성령 안에서 말씀과 기도로 우리의 인격과 삶이 변화되어 말세지말에 종교 행위에 그치는 신앙생활이 아니라 우리에게 주신 땅끝까지 복음을 증거하라는 주님의 대위임명령에 순종하는 거듭난 그리스도인이 되기를 소망한다.

## 추천사 2

**김철** 박사
백석대학교 기독교학부 신약학 교수

저자는 나와 배재고등학교, 연세대학교, 미국 Capital Bible Seminary의 동창이며 미국에서 목회할 때 내가 섬기던 교회의 교육 전도사로 동역한 친구이다.

저자는 40년의 한국 디아스포라로서, 20년간 선교 사역을 해 오면서 진리요 성령의 검인 말씀을 읽고 듣고 지켰다(계 1:3). 『열린 계시록과 한국 통일』은 말씀대로 살아내려 한 그의 신앙고백이며 마지막 때에 선교 현장에서 뭇영혼들을 구원하기 위한 사역의 또 다른 간절한 선교 편지이다. 이 책은 무엇보다 "해산의 고통"이 임박한 통일 한국의 묵시를 열어 증언하면서, 초월의 영이 주도하고 제시하는 지혜와 치료의 비밀을 표달하고 있다.

저자는 이 책에서 기성 교회와 신자들이 열린 계시록을 통해 예언은 시간을 초월하는 하나님의 말씀이라는 것을 기억하여 그 말씀에 순종하여 구원으로 받은 성령 안에 거하며 살아가기를 바라고 있다. 그리고 한국의 역사를 영으로 해석하는 지혜가 필요하다고 한다. 그리하여 미래 통일 한국은 전인격적인 거룩과 공의를 바탕으로 전인격적 치료와 회복을 추구하는 일이며 영적인 사랑과 영적인 가치관으로 섬기는 일에 있다고 한다.

　예수 그리스도의 복음을 통하여, 예수 그리스도의 복음의 능력으로 그리스도의 영을 회복시키는 영적 생명운동이 필요하다. 성령님만이 인간의 영혼을 새롭게 한다. 성령님의 감동을 받아 주님이 주시는 영원한 생명의 참소망 가운데 승리하며 살아가기를 바란다.

# 추천사 3

박문숙 목사
미국 Celebration Church of God

    선교사이며 역사학도인 박제이 선교사는 주님의 세상을 향한 종말론적인 계획을 성경의 종합적 열매인 요한계시록에 근거하여, 현재의 현상을 세계적인 그리고 지역적인 안목을 통해서, 한국 교회 특히 교단의 영적 전쟁의 모습을 예리하게 포착하여 분석한다.

    벌거벗은 자신을 보지 못하고 있는 한국의 교인들과 교단의 영적 맹안을 지적하면서, 이 당면한 영적 전쟁에 승리하는 길은 거룩한 백성이 다시 일어나서 고인돌교회 7만을 회복시키는 사역임을 제시한다.

    그들이 해야 할 일은 성령의 지혜와 영분별의 능력을 받아, 이 말세에 주님을 보는 영적 시각을 잃지 않는 것이라고 강조하고 있다. 그 이유는 성령의 능력과 인도하심이 없는 사역은 교회를 주님의 교회가 아닌 사람의 교회로 만들어서 청결한 마음을 상실하게 되기 때문이다.

    성도들이 주님의 보좌와 어린 양의 성전을 향한 시선을 끝까지 잃지 않는 유일한 길은 기도하기를 쉬지 않는 것임을 저자는 굳게 믿고 있다. 또한 저자는 그들의 기도가 교회 부흥의 기초석으로 성령의 능력을 가져오며, 진리의 길을 완성시키는 궁극적인 방안임을 이 책을 통해 제시하고 있다.

# 머리말

**박제이** 선교사
홍콩 주재 선교사

    1990년부터 미국 지구촌교회에서 성경열람반(구약과 신약의 파노라마)을 가르치면서 요한계시록을 강의하던 시절이 떠오른다. 하늘의 도움으로 요한계시록을 세 부분으로 간단 명료하게 해석하였다. 성경의 종합적 열매인 요한계시록의 영적인 핵심을 가르치는 교사용으로서, 구약의 예언이 신약에서 성취되며 동시에 미래에 다가올 심판의 3단계를 확증 돌파한 것이다.

    2011년 8월에 동역자인 유대계 중국인이 아내 메이에게(매릴랜드주립 약대 졸업) 기도를 부탁하였는데 우리 세 사람을 대표하여 방언으로 기도하는 순간에 현지 동역자에게 이상이 나타났다. 곧 중국 교회가 불말과 불병거로 이스라엘을 향하여 진군하는 이상이 하늘로부터 임하였다. 그 후로 2014년 가을과 2015년 5월에는 실제로 중국 교회가 예루살렘에 입성하였다. 이렇게 교회 시대의 복음은 사도행전으로 시작한 교회가 시온으로 회귀하는, 교회사 초유이며 종말인 사건의 막을 내리고 있다.

    왜 불말과 불병거인가?

하늘의 영과 권능이다. 나라와 백성을 포로 삼은 악한 영의 권능을 무너뜨리는 작업이다. 미국의 ISIS, 이슬람의 바알-알라, 일본의 신도(神道)는 신사참배라는 권위의 영이며, 다곤의 신상 등등 세상의 주관자의 영이 깨져야 길이 열린다. 별들의 권능을 제압하는 성령의 권능이다. 곧 "오직 성령이 임하시면"은 불말의 행진이 없이는 불가능한 일이라는 뜻이다. 바로 이 전략이 우리가 매일 접하는 영의 일이요 전쟁이다. 또한 전도요 제자 훈련이다. 환언하면 사탄이 잡고 있는, 우리의 대적 즉, 죽음의 영을 돌파하는 것이다. 불말은 하늘의 공의와 사랑과 더불어 심판의 영이다.

이로써 인간과 율법의 요구가 응답하며 세월호의 굴레를 벗으며 공산주의와 3·8선이 무너지는 치료와 회복이 시작되며 포로된 자와 눌린 자가 해방되는 것이다. 견고한 진과 머리의(창 3:15) 권세를 흔들어 깨뜨리는 사역을 말한다.

불말은 또한 카리스마의 핵이다. 하늘의 은사의 실체라는 것이다. 우리가 보는 소용돌이의 여파가 아니라 핵의 표달을 이야기하는 것이다. 예수 생명나무라는 카리스마의 기초가 교회의 본질이 되는 것이다. 그 성령의 은사가 성도의 성품으로 하나님의 영광이 임하는 길이다. 그러나 한 가지 문은 회개를 통과하는 거룩의 문을 열어야 한다는 조건이다. 곧 불말의 영성을 체험, 참예하지 못하는 자는 "성화와 영화"의 길을 찾을 수 없다는 사실이다. 작금의 이 땅은 아마도 한국의 아마겟돈 전쟁의 와중에 들어가고 있다고 볼 수 있을 것이다. 진리로 가는 길에서 영분별은 필수적인 요소이다. 더러운 귀신의 영들이 온 천하 임금들, 다시 말하면 세상의 교회들과 목자들에 들어간다고 요한계시록 16장은 아마겟돈의 실세(實勢)를 들어 폭로하고 있다.

만약 교단과 교권의 영이 하늘로부터면, 그리고 한국의 성도들이 성령의 나팔 소리를 듣고 있다면 전쟁은 어렵지 않을 것이다. 그러나 하늘이 그들의 손을 들어 주지 않는다면 "오히려 하나님을 대적할까 두려워 하노라"라는 가볍게 한 말들이 엄중한 유황불로 돌아간다는 경고이다.

세계 200만 신도에게 영향을 준 치유와 예언 사역자인 윌리엄 브랜험(William M. Branham, 1909-1965)은 교파주의를 짐승의 표인 666으로 보았고 종교 조직을 반대하였다. 그리고 교회를 신부와 구별하여 성령에 거하는 신부만이 휴거할 수 있다고 말하였다.

그러면 무엇이 교회의 모델이 되는 것인가?

영으로 본 한국사는 1975-2015년을 지나면서 미래의 10년을 전망한다.

한국 교회의 새로운 틀로서 고(故) 옥한흠 목사(사랑의교회), 고(故) 하용조 목사(온누리교회), 지구촌교회 이동원 원로목사와 함께 소위 복음주의 4인방으로 불리는 남서울은혜교회 홍정길 목사이다.

1. 교단의 목사 안수가 아닌 평신도 목자 체제로서 사도행전의 예루살렘 교회와 안디옥 교회, 그리고 모라비안 기도와 선교운동의 사도적 제자 사역이며 선교운동이다.
2. 가정 교회를 바탕으로 구성원의 참여적 성경 공부와 기도를 통한 확대하는 가족 공동체이다.
3. 제자로 훈련된 5만 명으로 추정하는 목자 내지 순장, 구역장은 본토적 교권에 밀려 자연적으로 국내뿐 아니라 해외 선교로서 출구와 사역을 담당하게 되는 경향이 있다.
4. 복음주의운동은 집단 체제가 아니라 성령의 인도를 추구하며 교회당을 짓지 않는 모임 위주이며 한국 통일을 맞이하여 남한 4만 5천, 북한 2만 5천 교회 곧 고인돌 7만 교회를 달성하는 하나님의 누룩전략이다.
5. 1986년 미국지구촌교회에서 이동원 목사로부터 출발한 코스타(Korean Student All nations, 유학생수련회)는 현재 세계 21개 지역에서 이루어지는 코스타 유럽, 한국, 미국 등 차세대 전략이다. 지난 2010년 코스타 설립 25주년을 맞이한 인터뷰에서 선교학자 패트릭 존스톤(Patrick Johnston)은 다음과 같이 밝히고 있다.

"한국 교회가 세계 교회사에 남을 만한 두 가지 특징을 갖고 있는데, 새벽 기도와 코스타운동이 그것이다."

아래 다섯 가지 사항의 조합은 복음주의 미래의 방향이며 전략이다. 8월 20일 '세계 최고 선교부'의 영적 전쟁에 관한 질의에 대한 해답이기도 하며 골자를 소개한다.

* Blinded mind(spirit) of 2 Cor. 4:4, the light of glorious gospel of Christ. 그리스도의 복음으로 혼미한 악한 영을 묶어 빛으로 쫓아낸다.

* We had suffered before, with much contention to speak the gospel of God(1 Thess. 2:2). 과거처럼 고난과 핍박과 많은 싸움 중의 열매맺는 복음이다.

* For You are our glory and joy(1 Thess. 2:20). 성화와 영화가 기쁨으로 임하는 이 땅이다.

* Accordingly with 1 Thessalonians 1:5 & 1 Corinthians 2:4, we preach the gospel in word with the power of the Spirit. The spirit of confusion is replaced with the Holy Spirit. 복음은 말의 지혜와 함께 혼미한 영을 쫓아내는 성령의 큰 능력으로 행한다.

\* Fire horse(spirit) opens the opportunity and momentum of our ministry, and fire chariot builds a system of people group by training which it leads a church. 불말이 사역의 문을 열고 불병거의 훈련으로 소그룹 제자를 삼는다.

　현시대의 2005-2015년은 세계에 운행하시는 성령의 권능으로 나타나신 기름부음의 역사이다. 성경에 121번 나타난 기름부음을 이해하면 하늘의 영과 말씀 성취의 인치심을 이해하게 된다. 그러므로 남한은 성령을 떠난 지난 30년의 초보적 신앙을 개혁하여 미래의 주를 만나는 요한계시록의 영을 만나는 것이 시급하다. 교회사의 말미를 장식하는 진정한 목자는 자아의 틀을 깨고 성령의 핵으로 들어간다. 즉 우리가 대변하는 주의 영광, 성령의 권능이 차세대의 제자를 불러오게 된다(살전 2:20).

　미래 10년의 일곱 교회는 요한계시록으로 승부하는 영적 전쟁의 주제이다. 요엘 선지자의 예언대로 말세에 강림하는 성령의 인치심과 사탄의 회에 잡힌 교회와의 투쟁이다. 멸망의 가중한 세력과 바리새인의 인본주의 파당이 모세의 자리에 앉은 것이다. 사탄의 목자가 대부분의 교회를 접수하였고 교인들은 영적인 맹인으로 "사탄의 깊은 것을 알지 못한다"는 예수의 계시이다. 창세기의 불기둥과 구름기둥에서 성령의 불인 요한계시록이 신앙의 정수이며 영으로 본 한국사의 시각은 작금의 "벌거벗은 것을 알지 못한다"(계 3:17)는 영의 깨달음이다.

> 너희를 박해하는 자를 축복하고 저주하지 말라(롬 12:14).

하늘의 거룩에 참예하는 주와의 만남에서 개혁하는 초월의 영이야 말로 "이기는 자"의 영성이 된다. 그래서 하나님 앞의 강력이 마귀의 견고한 진을 파하는 전술로 들어가야 한다(고후 10:4). 그러므로 주 안에서를 거슬려 세상의 일에 바빠서 잘못 쏠려가면 20년 전 신앙으로 돌아간다. 불의에 침묵하며 이를 옳다고 하는 자들은 선생의 더 큰 심판을 받는다는 영의 원리이다. 새 하늘과 새 땅의 거룩한 성에는 맨입으로 주를 섬기며 핍박에서 이긴 중국의 목자들이 많을 것이다. 허나 영의 통치, 곧 통일 한국의 고인돌교회로 펼치는 그 주의 이름에 권세가 있을지어다!

"채찍에 맞음으로 나음을 받았도다"가 또 하나의 하늘과 땅의 회복의 열쇠임을 깨닫고 체험할 것을 부탁드린다. 만약 성도가 주의 뜻에 거한다면 우리는 자신이 주의 성전이 되고 가는 곳마다 흑암이 물러가고 하나님의 나라가 건설되는 것이다.

홍콩에서

# 목차

추천사 1 _ 지배선 박사(연세대학교 명예교수)     4
추천사 2 _ 김철 박사(백석대학교 기독교학부 신약학 교수)     5
추천사 3 _ 박문숙 목사(미국 Celebration Church of God)     7
머리말     8

## 제1장 열린 계시록의 비밀     16
  1. 미국과 한국의 아마겟돈     20
  2. 별들의 전쟁과 통일     32
  3. 한국사의 광야 시대     43
  4. 성령교회와 바리새교단(마 5:20)     52
  5. 복음주의와 고인돌교회     65
  6. 열린 계시록 강해     72
  7. 세계 교회와 신학의 미래 동향     110

## 제2장 영으로 본 한국사     119
  1. 동방의 히브리 민족     122
  2. 잃어버린 대한제국     125
  3. 70년의 북한 비벨론 포로     131
  4. 백수와 백억 부자의 비결     138
  5. 한국의 국부 이승만     146
  6. 박정희 대통령     158
  7. 생명나무 영의 뿌리     162
  8. 지옥과 천국     168

맺는말     176

## 제1장
# 열린 계시록의 비밀

사람들이 걸어가는 인생의 길은 생명나무 실과도 따먹고 영생으로 들어가는 길이다. 그 역사는 이제 주의 심판을 향하여 열리는 하늘의 역사로 요한계시록은 펼쳐지고 있다. 새 하늘과 새 땅, 거룩한 성에 생명나무라는 역사의 열매를 바라보기 때문이다.

> 만일 누구든지 이 두루마리의 예언의 말씀에서 제하여 버리면 하나님이 이 두루마리에 기록된 생명나무와 및 거룩한 성에 참여함을 제하여 버리시리라 이것들을 증언하신 이가 이르시되 내가 진실로 속히 오리라 하시거늘 아멘 주 예수여 오시옵소서 주 예수의 은혜가 모든 자들에게 있을지어다 아멘(계 22:19-21).

"제하여 버림" 곧 성령의 말씀을 들은 자와 이기는 자(계 2:7)에게 주어진 낙원, 하나님의 비밀, 이미 교회와 성도에 주신 말씀, 생명나무로 가는 영의 지도, 회개의 나무를 소개해 본다.

아름다워야 할 한국인, 거룩한 백성을 향하여 그리고 하늘을 향하여 사는 동방의 히브리는, 흑암의 세계에서 하나님의 나라를 주께 받드는 그 자리를 보아야 한다. 주가 귀하게 보시는 것은 "심령이 애통한 자요, 마음이 깨끗한 자"로서 하나님 앞의 성결을 삶으로 사는 자들이다. 불의와 불법에 침묵하는 양심은 저주를 받게 되고 알고도 묵인하는 자들은 심판을 받게 된다.

> 악한 자들을 용납하지 아니한 것과 자칭 사도라 하되 아닌 자들을 시험하여 그의 거짓된 것을 네가 드러낸 것과 또 네가 참고 니 이름을 위하여 견디고 게으르지 아니한 것을 아노라 그러나 너를 책망할 것이 있나니 너의 처음 사랑을 버렸느니라 … 귀있는 자는 **성령이 교회들에게** 하시는 말씀을 들을 지어다 **이기는 그에게는** 내가 하나님의 낙원에 있는 **생명나무 열매를** 주어 먹게 하리라(계 2:2, 4-7; 22:2).

성령의 말씀을 들어야 하며, 우리는 이기는 자로서 예수이신 생명나무에 연합하는 것이다. 삯꾼이나 잘못된 교리가 아니라 하늘에서 내려오는 양식이자 성령의 세례를 칭하는 것이다.

거듭나고 새 사람이 되었는가?
성령이 아니면 옛 사람은 변하지 않는다.

> 은사는 여러가지나 성령은 같고 직분은 여러가지나 주는 같으며 … 어떤 사람에게는 **성령으로** 믿음을, 어떤 사람에게는 병 고치는 은사를, 능력 행함을, 예언함을, 영들 분별함을, 각종 방언함을 … 이 모든 일은 같은 한 성령이 행하사 그의 뜻대로 각 사람에게 나누어 주시는 것이니라 … 우리가 유대인이나 헬라인이나 종이나 자유인이나 **다 한 성령으로 세례를 받아** 한 몸이 되었고 또 다 한 성령을 마시게 하셨느니라(고전 12:4-13).

민족이나 교단이나 성품에 상관없이 "다" 모든 사람에게 성령을 마시게 하신 것이다.

물을 마시지 않아도 죽게 되는데 하물며 성령일까 보냐?

성령의 세례는 먼 곳에 있는 것이 아니다. 참포도나무에 속한 자는 성령으로 인치심을 받게 되는 것이다. 반드시 방언을 해야 성령의 세례를 받는 것도 아니다.

> 너희는 더욱 큰 은사를 사모하라 내가 또한 가장 좋은 길을 너희에게 보이리라(고전 12:31).

이렇게 감추어 놓은 비밀이 바로 고린도전서 13장으로부터 선포하는 "사랑"이며, 14장은 "사랑을 추구하며 신령한 것들을 사모하되 특별히 예언을 하려고 하라"고 영의 사역을 제시하는 것이다. 곧 내가 영으로 기도하고 또 마음으로 기도하며 내가 영으로 찬송하고 또 마음으로 찬송하리라(고전 14:15)로 나가면 된다.

가장 중요한 것은 "예언"은 시간을 초월하는 하나님의 말씀이란 것을 기억해야 한다. 곧 반드시 장래의 일을 말하는 것이 예언이 아니라 하나님의 성경 말씀 즉 "율법에 이른 것 같이 오직 복종할 것이요"(고전 14:34)처럼 진리요, 성령의 검인 말씀을 말하고 살아내는 행실이다.

> 그러므로 우리가 **그리스도의 도의 초보를 버리고 죽은 행실을 회개함**과 하나님께 대한 신앙과 세례들과 안수와 죽은 자의 부활과 영원한 심판에 관한 교훈의 터를 다시 닦지 말고 완전한 데로 나아갈지니라 하나님께서 허락하시면 우리가 이것을 하리라 한 번 빛을 받고 하늘의 은사를 맛보고 성령에 참여한 바 되고 하나님의 선한 말씀과 **내세의 능력을 맛보고도 타락한 자들은** 다시 새롭게 하여 회개할 수 없나니 이는 그들이 하나님의 아들을 다시 십자가에 못박아 드러내 놓고 욕되게 함이라 … 땅이 … 만일 가시

와 엉겅퀴를 내면 버림을 당하고 저주함에 가까워 그 마지
막은 **불사름이 되리라**(히 6:1-8).

자, 여기서 위의 성경 구절은 예수 믿고 구원받은 자들에게 성령으로 명하시는 말씀이다. 십자가에서 이루신 구원은 행위를 요구하지 않는 완전한 구원이다. 그러나 구원으로 받은 성령 안에 거하는 것은 바로 구원을 이루며 승리하는 구원의 길로 열매를 맺게 됨을 깨달아야 한다. 곧 어린 양의 피뿌린 옷과 어린 양의 혼인 잔치에 참여하는 "이 세마포 옷은 성도들의 옳은 행실이로다"(계 19:8)의 인생을 말하는 것이다.

또 **다른 책이 펴졌으니 곧 생명책이라** 죽은 자들이 자기 행위를 따라 책들에 기록된 대로 심판을 받으니 … 이것은 둘째 사망 곧 불못이라(계 20:12, 14).

## 1. 미국과 한국의 아마겟돈

**과연** 아마겟돈 전쟁은 이스라엘의 므깃도에서 일어나는 것일까?

그리고 우리는 지금 말세의 어느 때를 지나고 있는가?

일곱 인이 열리고 있는가, 아니면 일곱 나팔이 울리기 직전인가?

나팔은 악기가 아닌 하나님의 음성이란 것을 아는가?(계 1:10, "나팔소리 같은 큰 음성"; 4:1, "이리로 올라오라")

문제의 요점은 두 증인(교회)의 사역이 끝나면 짐승 곧 적그리스도가 등장한다는 사실이다. 여기에 하나의 미스터리가 숨어 있다. 즉 요한계시록 11:8의 저희 시체가 큰 성 길에 있으리니 그 성은 "영적으로 하면" 소돔이라고도 하고 애굽이라고도 하니 곧 저희 주께서 십자가에 못박히신 곳이니라. 많은 학자들이 이 "애굽"과 큰 성을 예루살렘으로 해석하는 경향이다. 그리스도가 못박히신 곳은 로마에 속한 고대의 유대령이었다. 그리고 큰 성이란 "족속과 방언과 나라"라는 세계를 대표하는 로마이며 "기이한 바벨론"이라고 본다(반[Barn] 매튜 풀[Matthew Pool], 길[Gill], 주석).

성경 구절은 "영적으로 하면"으로 계시를 요구하는 비밀에 싸인다.

그렇다면 오늘날 세계에서 두 증인을 죽이고 기뻐하는 곳은 어디일까?

유럽연합 혹은 이슬람인가?

요한계시록 16:12-16은 유브라데 강이 말라서 "동방"에서 오는 왕들이 모이는 아마겟돈이며 19장에서 전쟁의 상황을 그려주고 있다. 그러나 이 전쟁의 구체적인 내용은 다니엘 11:20-45

로서 동방이라기 보다는 "동북방"과의 대결이다. 곧 동북방의 북방왕이 남방왕을 제압하는 결말에 일어나는 상황이다.

그렇다면 남방왕은 누구인가?

> 마지막 때에 남방왕이 그와 힘을 겨룰 것이나 북방왕이 병거와 마병과 많은 배로 회오리 바람처럼 그에게로 마주 와서 그 여러나라에 침공하여 물이 넘침 같이 지나갈 것이요 그가 또 영화로운 땅에 들어갈 것이요 … 오직 에돔과 모압과 암몬 자손의 지도자들은 그의 손에서 벗어나리라 (단 11:40-41).

북방왕의 육해공군의 공격이다. 또 영화로운 땅 곧 이스라엘에 들어가기 전의 승리가 요구된다. 여기서 "음녀"는 큰 성 바벨론으로서, "열 뿔인 적그리스도와 로마 교황인 짐승이"(the whore of Rome, 짐승, 계: 16:12, 16-17), 음녀를 미워하여 살을 먹고 불로 아주 사르게 된다.

> 그 여자는 … 그 이마에 이름이 기록되었으니 비밀이라, 큰 바벨론이라, 땅의 **음녀들**과 가증한 것들의 **어미**라 하였더라(계 17:5).

이 말씀에서 매우 중요한 논리가 도출된다. 큰 바벨론과 기타의 음녀들로서 사탄의 도시들을 함께 칭하는 것이다. 즉 큰 바벨론인 음녀는 로마를 거친 미국이며 하나님을 떠난 시온성이다. 예루살렘을 포함한 십자가를 교회에서 철거하는 중국과 더불어 북한과 남한이 포한된다. 아마겟돈은 바로 오바마가 이끄는 남방왕인 미국과 북방왕 러시아의 전쟁으로 그 무대가 이스라엘이라는 계시이다. 현재 중국의 남해군도를 중심으로 연합하는 러시아와 북한, 그리고 미국의 사드 미사일을 중심으로 연합하는 미국, 일본, 남한의 상황을 칭하는 것이다. 이러한 위기 촉발이 러시아의 미국 본토 공격으로 도발할 것으로 혹자는 2017년 초의 전후로 예측한다.

음녀인 교권과 교회가 서로 죽이고 전쟁으로 주의 두 증인을 큰성실에 시체로 목도하는 바벨론을 말하는 것이다. 지금 온 나라 바벨론이 두 교회를 죽임으로 즐거워하는 상황을 말한다. 그러나 삼 일 반 후에 생기가 들어가 하늘로 올라가니 구경하던 자들은 성이 무너지고 지진으로 죽게된다.

더 놀라운 사실은 드디어 2천 년의 교회사가 끝나는 동시에 하나님의 비밀인 일곱째 나팔이 불며 휴거가 일어난다(계 11:15).

5천 명의 예언자가 모인 예루살렘 2015년 5월 20-25일의 세계오순절대회(Empowered 21)에서 제롬이 선포한 것처럼 주의 뜻을 아는 기독교인이 불과 2%인 남한과 불신자 100%에 가까운 북한을 바벨론의 한국으로 정의할 수 있을까?

세계의 유일한 영적인 실체로서, 영의 할례를 모르고 오직 당을 지어 불의를 행하며 "주께로 돌아오기를 권면하는 선지자들을 죽여 주를 심히 모독하는 자들"(느 9:26)이다.

그렇다면 우리는 일곱 인의 재앙(계 6장)을 지나고 여섯째 나팔의 재앙(계 8, 9, 11장)까지 다가가고 있는 것은 아닌가?

일곱째 나팔은 휴거이기 때문이다. 종합적 계시는 주가 공중에 재림하는 영적인 전쟁으로 종말의 시작인 미국과 한국의 **아마겟돈**이란 가설이다. 남방왕인 미국이 북방왕의 미사일로 무너지는 때의 남한의 정황을 유의해야 할 것이다. "에베소 사람의 아데미여"(Diana, 행 19:34)처럼 고대 로마(A.D. 43-410)의 이시스(Isis)여신이 바로 영국을 통하여 미국으로 건너 간 뉴욕의 자유의 여신상(음녀, Whore of Babylon)이다. 시대를 따라 역사하는 사탄이 거느린 악한 영의 계보인 것처럼, 한편 그것은 남한이나 남방왕과 북한이나 북방왕의 전쟁의 요소로써 참 교회와 사탄의 교회의 전쟁이다.

이제 우리는 땅에 거하는 자들을 괴롭게 한 고로 "십자가에 못박히신 곳" 소돔이라고도 하는 타락의 도시요, 애굽이라고도 하는 교권의 정죄를 받음으로 작은 로마(바벨론 한국)에 이단의 이름으로 쓰러질 두 증인을 목도하게 된다. "어미"가 아닌 땅의 음녀(딸)들, 가증한 작은 성들인 바벨론이다. 그러나 전쟁은 그렇게 한 번에 승부가 나는 것이 아니다. 개구리 같은 세 더러운 영이 용의 입과 짐승의 입과 거짓 선지자의 입에서 나오니, 즉 세상의 교회를 장악하였다. 바로 대세가 소수를 큰 성 길에 시체로 버렸으나 "만주의 주, 만왕의 왕이신 어린 양과 함께 있는 자들이 사탄의 세상을 이긴다"(계 17:14). 남과 북이 통일이 되는 그날에 한국의 아마겟돈은 부흥하는 대한제국의 교회의 기회로 전화위복하는 것이다.

어느 신실한 성도가 대학생선교회 앞을 지나면서 "목사를 인정하지 않는 이단"이라고 하였다. 많은 교회는 거룩한 무리인 예수전도단을 이단이라고 한다.

왜?

"하나님의 음성을 듣는 법"을 가르치는 황당한 집단이라는 것이다. 혼과 영의 세계를 몰라서 하는 말이다. "기듭나야 히리라"의 새 사람이 되지 못한 가라지의 입에서 나오는 당연한 소리이다. 새 마음으로 변하는 길은 바로 성령으로 체험하는 길이요 기다려 듣는 세미한 음성이기 때문이다.

한국의 아마겟돈은 별들의 전쟁이다. 하늘의 별과 떨어진 이 땅의 별들이다. 하늘에서는 사방의 네 바람을 잡은 네 천사의 재앙과 땅에서는 사탄의 교회와 두 교회를 대표하는 두 증인과의 전쟁이다. 거짓 선지자와 그 교회에 속한 고려방자는 은사와 친구에게 비수를 꽂는 자들이며 성령의 검에 대적하는 마귀의 검의 무리이다. 황금을 따르는 교회와 출세를 위한 배신 정치가의 칼이다.

지금 우리는 승천하신 주의 군대와 이 땅과 거짓 교회들을 접수한 사탄과의 전쟁이라는 사실이다. 주의 제자요 성도들은 이 땅에 거하지만 선택받은 자녀요 주의 군대는 이미 보좌에서 전열을 준비하고 있는 것이다(계 12:5-9, 용이 하늘과 땅에서 성도와 싸움). 현재 성령의 복음이 떠난 이 땅의 타락한 교회와 "신령과 진정"한 교회와의 대전을 칭하는 것이다.

한국의 종말은 왜, 어떻게 오는가?

이 단계에서 우리는 하나의 길을 찾아야 한다. 우리의 전설은 토막난 작은 반도가 아니다. 세계 최대의 고조선 제국은 7만 개 이상의 고인돌교회에서 하나님을 예배하였다. 그러나 역사는 고조선 제국에 먹구름이 덮이고 유대인처럼 세계의 유랑자가 되었다. 중국말로 유랑은 거지를 말한다. 오늘 우리의 영성을 보면 짐작이 갈 것이다. 중요한 것은 우리는 굶더라도 마지막 조국의 땅바닥을 잃을 수는 없다는 결단이 필요하다. 수많은 민족들이 역사에서 사라지듯 잘못하면 되찾을 수 없는 운명에 들어가는 것이다.

하늘을 바라보고 생명줄을 잡는 수밖에 다른 길은 존재하지 않는다.

우리나라는 거룩한 성전에 멸망의 가증한 사탄의 회가 서있는 이유로 모두가 영적인 맹인이 되었다. 곧 불의에 대하여 말하는 의인이 하나도 없다는 점이다.

독립된 아시아 일곱 교회의 모델을 도입하는 것이다. 성령은 각각 일곱 교회에 말씀을 주시고 가르치신다는 점이다. 다시 말하자면 우리는 이 땅에 일곱 교회가 연합하여 총회장 곧 일곱 교황을 뽑았다는 사실이다. "하나님 한 분 외에는 선한 이가 없다"(막 10:18)라고 예수님도 말씀하신 것처럼 한 분이신 성령의 지혜와 공의의 행실을 배우지 않고 인간의 지혜를 배우는 태도이다. 곧 마귀의 정사와 권세를 그대로 따르는 방식이다. 이것이 가톨릭이 취한 핍박의 교회사였다.

항상 기도하고 주의 뜻을 따르는 과정에서 "성령이 하시는 말씀을 들을 지어다"(계 2, 3장)는 필수적이다. 각 개인에게 교통하며 계시하신다는 사실이다. 바로 이러한 성도기 2%라는 이치이다. 이러한 성도들을 이해하지 못하고 무시하는 자들이 98%의 마귀가 뿌린 가라지라는 결론이다.

한편 바알은 성경에 기록되어 있는 우상으로서(민 4:3; 25:3; 수 22:17; 호 9:10; 시 106:28-29), 히브리어로 하발(HABAAL)에서 파생되었으며 천 개의 얼굴과 99개의 이름으로 아바돈, 아볼루온(계 9:11), 벨리알(고후 6:15), 바알세붑(왕하 1:2), 새벽, 참소자, 바알 알라(Baal-Allah), 무저갱의 타락한 천사, 적그리스도, 파괴자, 마귀, 용, 짐승, 돈과 물질의 신인 바알-하몬, 이슬람이 알라라고 부르며 숭배하는 광명의 천사(루시퍼, Lucifer, 계명성, 사 14:12) 등의 칭호를 갖고 있다(계 13:15).

우리 자신의 자기 우상화, 주관적 착각은 위에 속한 교만일까?

한국에는 내가 아는 훌륭한 목사님들이 열 분 정도 계셨다. 그 중에 대다수는 WCC를 후원하였고 한 분은 대회가 끝나자마자 돌아가셨다. 몇 분은 거룩을 지키지 못하여 물질과 교만에 오염되었다. 몇 분은 자신의 성경 해석을 위주로 하는데 성령의 "계시"를 정확히 교통하지 못하는 아쉬움을 남긴다.

이어서 교권과 신도들이 이 땅에 역사하시는 성령에 충만한 교회를 오히려 이단으로 정죄하여 용서받지 못할 성령 모독죄를 범하였다. 따라서 98%의 교단과 여기 속한 교인들이 곡식에서 떠나 가라지로 남게 되었다. 지난 20-30년에 걸친 한국 교회의 교회사이다. 이에 따라 이 땅에서 하늘에 녹명되지 못하는 교인 등록 수를 통계하지 못하게 되었다.

B.C. 3983년 창조로부터 6000년이 되는 2017년은 하나님의 눈동자는 악한 부자보다 북한의 수탈당한 국민을 연민할 것인가?

교회사의 핍박자 가톨릭의 딸들이 이 땅에서 악의 열매를 맺고있다. 신사참배를 결의한 교단과 의로운 교회를 죽이는 교권의 영이다. 세계는 이스라엘이라는 화약고와 서울과 평양을 바라보고 있다. 그러나 한국이 버린 세계를 이끄는 성령의 예언자

5,000명은 예루살렘에서 기도회를 열었다. 아무도 돌아보지 않는 서울은 가장 위험한 사탄의 마지막 보루이다.

그 죄의 보응이 아마겟돈일까?

승리하는 영의 전쟁은 어떠한 것인가?

하늘의 이적이 보이며 큰 붉은 용은 "하늘 별 삼분의 일을 끌어다가 땅에 던지더라 … 큰 용, 사탄과 그의 사자들도 땅으로 내어쫓기니라"(계 12:4, 9). 말세에 하늘에서 떨어진 마귀와 악령들이 세계를 제패하고 특히 성도와 교회를 사자와 같이 삼키는 시대이다. 무정하며 모함하며 사나우며 비방하며 배신하며 조급하며 돈을 사랑하며 자랑하는 자들이 온 천하에서 행세하는 때이다(딤후 3장).

교회를 팔고 사는 것은 한국 교회에만 있는 일이다.

왜 이런 일들이 일어날까?

소명과 사명이 없는 사람이 목회자가 되었기 때문이다. 그런 자들이 종교를 장사와 사업으로 이용한다. 지금도 신학교와 신대원에 이런 자들이 99%라는 증언이다. 그래서 몇 달씩 교회를 찾아도 갈 교회가 없다고 한다.

마귀와 그 목자가 정통인 이 땅의 교회이며 나라인가?

미국과 중국 등에서도 교회를 사고 파는가?

파는 목사도 사는 목사도 없다는 사실이다. 양심에 따라 오히려 목사를 그만두고 사업을 하며 주를 섬기는 일이 적지 않다. 이 땅에 종교, 정치, 문화, 경제가 전적으로 썩어 있다는 현상이다.

주의 교회는 2-3명이 모여 기도하면서 성부, 성자, 성령의 임재하심으로 시작하는 것이다. 미국은 1,200만이 가정 교회에서 모이고, 유럽의 가정 교회가 10,000개, 호주에 10,000개, 뉴질랜드에 6,000개이다(Tony & Felicity Dale,『토끼와 코끼리』[*Rabbit and the Elephant*] [George Barna, 2009]). 중국은 120만 가정 교회로 1억 5천만이 모인다. 이러한 성령이 직접 운행하시는 가정 교회 모임이 하나님이 쓰시는 주의 군대이며 이에 맞서는 교권이 아마겟돈 전쟁의 앞잡이가 되는 것이다. 그리고 중국의 교단인 "중화 기독교" 정부 교회는 3천만으로 가정 교회를 핍박하는 주체이다.

그러나 정부 교회 교인들이 중국 가정 교회 교인을 핍박하는 것은 아니다. 공산당이라는 8천만의 회가 따로 "이 세상의 정사와 권세"이다. 이 점이 교단의 지시를 좇아 사탄의 회에 가입하는 한국 교인과는 다른 점이다.

"그의 몸된 교회, 그는 몸인 교회의 머리시라"(골 1:18)에서 지체인 우리, 곧 교회는 예수의 몸과 머리에 속하여 있는 영적 유기체이다. "교회는 그의 몸이니 만물 안에서 만물을 충만케 하시는 자의 충만이니라"(엡 1:23)로서 중국 교회처럼 교회당이나 목사의 언급이 없다.

그날에 예루살렘 교회에 있는 교회에 큰 핍박이 나서 사도

외에는 다 유대와 사마리아 모든 땅으로 흩어지니라(행 8:1).

열두 명만 남은 목사 없는 교회 성도들은 스데반의 환난으로 흩어져 베니게(Phenice)와 구브로(Cyprus)의 유대인에게 그리고 안디옥에 이르러 헬라인에게도 주 예수를 전파하는(행 11:19-20) 교회개척운동이 일어났다.

칼빈은 그의 『기독교 강요』에서 교회의 머리와 몸되신 주께서 친히 성령으로 교회를 정결하게 하실 것을 말하고 있다.

> 하나님은 흠없고 거룩한 교회로 정결하기 위하여 세례를 베푸시며, 그의 백성을 새롭게 하기 위하여 죄를 소멸하시고 성령으로 깨끗하게 하신다(John Calvin, 『기독교 강요』 [*Institutes of the Christian Religion*] [Grand Rapids: Ethereal Library, 2002]).

성령 안에서의 참회와 고백은 성소의 흠양이며 하나님을 향유하는 환영이며 임재하시는 양식이다(C. S. Lewis, 『순전한 기독교』 [*Mere Christianity*]).

곧 애통하는 자에게 성령은 운행하신다는 비결이다.

너희는 사도들과 선지자들의 터 위에 세우심을 입은 자라

> 그리스도 예수께서 친히 모퉁잇돌이 되셨느니라(엡 2:20).

이 말은 이 세상에 구체적으로 보이는 가시적인 교회가 있기 전에 사도들이 있었고 사도들은 주님의 말씀을 받았다는 것이다. <u>그러므로 교회가 하나님의 말씀을 판단하는 것은 잘못이다. 즉 말씀이 교회를 세운 것이지, 교회가 말씀을 만든 것이 아니라는 말이다.</u>

## 2. 별들의 전쟁과 통일

나의 은사인 그레이스(Grace)신학원 교수인 휫트 콤(John C. Whitcomb)은 그의 저서 『다니엘』(Daniel)에서 다니엘 8:10에 대한 한 가지 중요한 사실을 우리에게 알려주고 있다.

> 그 중 한 뿔이 땅을 향하여 심히 커지더니 … 그것이 하늘 군대에 미칠 만큼 커져서 그 군대와 **별들** 중의 몇을 땅에 떨어뜨리고 그것들을 짓밟고 또 스스로 높아져서 … 그의 성소를 헐었으며 … 그의 죄악으로 말미암아 백성이 매일 드리는 제사가 넘긴바 되었고 … 2,300일까지니 그 때에 성소가 정결함을 입으리라(실제로 B.C. 170-B.C. 164년에

성전에서 일어난 일이다).

성경에 나오는 상징에서 "별들"은 대개 천사를 지칭하나(계 12:4) 다른 경우에는 영적인 지도자들을(계 2:3; 12:3) 칭하는 것이다. "그가 강한 자들과 거룩한 백성을 멸하리라"(단 8:24)에서 적용되듯이 말이다. 그러면 우리는 세상에서 일어나는 영의 전쟁의 현상을 포착하게 된다.

만약 남한이 개 같은 영에 눌리고 북한이 고양이 같은 영에 사로잡혔다면 어떠한 현상이 발생하는가?

"귀신들린 자 둘이 … 몹시 사나워 … 그들에게 가라 하시니 귀신들이 나와서 돼지에게로 들어가는지라 … 바다에 들어가서 물에 몰사하거늘"(마 8:32)과 비슷한 몰사 현상을 거부해야 한다.

왜 중국은 식량을 북한에 보내고 러시아는 석유를 보내는 것일까?

남과 북이 눈이 먼 장님이 되어 싸우는 것은 아닌가?

남한이 북한에 들어가 산업에 투자하고 전도자들이 그곳에서 살게 되면 땅값이 10배로 뛰어 통일비용은 스스로 충족될 것이다.

남과 북은 악한 영에 사로잡혀 집안 싸움을 하는 것은 아닌지?

사탄이 계획하고 준비하는 전쟁과 파멸의 영으로부터 이 나라는 빠져나와야 한다. 통일은 한국의 대망으로 경제부흥의 유일한 전략이다. 중국이 몰려든 2009-2015년의 홍콩처럼, 통일 후의 북한은 모든 자산과 경제가 10배로 상승류를 타게 된다. 그러면 북한 주민은 수많은 부유층이 부상하게 되며 따라서 경제와 산업이 비약하게 된다. 점차적으로 남한의 청년들과 직업군이 북한으로 취업하며 대거로 이동을 하게 된다. 그 결과로 경제법이 바뀌게 되며 정치 권력은 약화되며 시민을 토대로한 민생정부로 조금씩 변하게 되는 것이다.

총체적으로 나라가 부강해지면서 새롭고 거룩한 문화가 조성되며 영적인 진리를 찾는 개혁과 새로운 사회가 자리잡는 현상이 나타난다. 이러한 미래의 시대를 인도할 영적인 지도자가 등장해야 하며 이때에 우리는 민족을 좀먹는 고려방자, 사탄의 무리를 척결하는 것이다. "자신의 배만 위하는" 종피아와 삯꾼 목자들이 내어 쫓기는 개혁의 한마당이 일어나야 한다. 남한과 북한의 새 사회는 스스로 개혁하는 자를 따르게 될 것이다.

무엇보다 승리의 관건은 거룩한 백성이 일어나 고인돌교회 7만을 회복하는 사역이다. 이때에야 비로소 사탄의 회인 교권과 교단들이 무너져 내릴 것이다. 이 나라의 영적인 책임을 배역하고 반성령의 패당으로 연합과 분열을 거듭하면서, 지난 30년간 한국을 말아먹은 교단의 마지막 할 일은 회개와 기도로 거룩한 새 백성(성령의)을 세우는 길이다. 각 성도들은 목자(벧전 2:9)와 제사장으로서 가정 교회를 개척하고 일요일에는 가정 교회 교인들도 함께 교회당으로 모여 예배하는 중도적 역할로 가면 좋을 것이다. 아니면 외국처럼 스스로 독립하여도 된다.

　책을 시작하면서 열린 계시록과 영으로 본 **세계와 한국사의 종말의 이상을 예언한다**. 요한계시록이 난해한 이유는 예언과 영의 포괄성이다. 다시 말하면 요한계시록 16장의 아마겟돈의 예고편과 19장의 실제 상영이다. 그러므로 16장과 19장을 따로 보면 해석이 되지 않는다.

　나는 『사탄의 회 23』에서 유대인의 연대표에 의한 2020년을 종말의 해로 제시하였다. 오늘 나는 6월 30일의 "예루살렘의 이상"을 선포하는 것이다. 다음의 세 가지가 같이 이상 중에 연결되었다.

　첫째, 근래 3년간 역사적으로 전무후무한 예루살렘의 유대인 복음이 급격히 전파되고 있다. 이방인(돌감람나무, 롬 11장)의 교회시대가 끝나는 시기와 맞물려 성취되는 사건이다.

　TV 방송 프로그램 "초월자"(ISN, It's Supernatural)의 사회자인 시드 로스는 2014년 이후 3차례의 예루살렘 집회를 통하여 유대인 1,100명과 750명, 그리고 우크라이나 유대인 990명이 예수를 영접하였다.

　둘째, 지난 4월 두 증인(교회를 상징)이 거리에 나와 앉은 것을 보았다. 전 3년 반이 끝나는 사건으로 검은 상복을 입은 것을 보고 소름이 끼치는 것이다.

    왜?

    2013년 10월 30일 WCC로 한국 교회가 666에 팔린 것을 세계가 목도하였다. 지금 독자가 섬기는 짐승의 제단이며 큰 성 바벨론에 버려진 시체이기 때문이다. 요한계시록에서 이를 "영적으로 하면"(계 11:8)으로 기록하였고 "감추었던 은밀"(고전 2:7)에 속하는 것이다. 여기서 나는 "삼 일 반 후에"(계 11:11)의 생기의 부활을 3년 반으로 해석해 본다. 3년 반의 대환난으로 죽었던 증인들이 예수의 생기로 살아나서 큰 군대가 되는 곧 2020년일 수 있다(겔 37:10).

    셋째, 2013년부터 시작한 7년 환난의 후반부로 돌입하는 영적인 긴박성이다. 이제 7년 중반의 2016년 6월 23일은 브렉시트(Brexit)로 인하여 적그리스도의 실체인 유럽연맹이 분노하고 있다. 적그리스도의 활동이 전개되었으며 휴거의 가능성도 있는 중에 도날드 트럼프는 최근 예수를 영접하였다. 남방왕인 오바마의 미국과 북방인 러시아의 전쟁을 또 하나의 시나리오로 미국 큰 바벨론의 멸망으로 볼 수도 있다(단 11장). 미국이 무너지면 왕들과 성들도 위기를 촉발한다.

    이제부터 매우 심오한 비밀이 펼쳐진다.

    그러므로 너는(다니엘) 깨달아 알지니라 예루살렘을 중건

하라는 영이 날 때부터 기름부음을 받은 자 곧 왕이 일어
나기까지 일곱 이레와 육십이 이레가 지날 것이요 그때 곤
란한 동안에 성이 중건되어 거리와 해자가 이룰 것이며 육
십이 이레 후에 기름부음을 받은 자가 끊어져 없어질 것이
며 장차 한 왕의 백성이 와서 그 성읍과 성소를 훼파하려
니와 그의 종말은 홍수에 엄몰됨 같을 것이며 또 끝까지
전쟁이 있으리니 황폐할 것이 작정되었느니라 그가 장차
많은 사람으로 더불어 한 이레 동안의 언약을 굳게 정하겠
고 그가 그 이레의 절반에 제사와 예물을 금지할 것이며
또 잔포하여 미운 물건이 날개를 의지하여 설 것이며 또
이미 정한 종말까지 진노가 황폐케 하는 자에게 쏟아지리
라 하였느니라(단 9:25-27).

① 아닥사스다왕의 영으로(느 2:4-8) 예루살렘이 중건되는 B.C. 445년부터 육십구 이레는(일곱 이레와 육십이 이레) 479년으로(360일을 일년으로 계산) A.D. 33년이며 예수의 끊어짐이다.

② "칠십 이레로 기한을 정하였나니 허물이 마치며 죄가 끝나며 영원한 의가 드러나며 이상과 예언이 응하며 또 지극히 거룩한 자가 기름부음을 받으리라"(단 9:24)는 말씀은 곧 마지막 7년에 세상 끝이 난다는 것이다. 그것은 육

십구 이레의 끊어짐인 A.D. 33년 이후로부터, 시간을 뛰어넘는(교회 시대), 예수 재림 전의 칠십 이레의 7년을 의미하여, 만약 2020년이 종말이라면 2013년이 마지막 7년의 시작이며 기간이라는 사실이다. "하나님의 비밀"이며 마지막 나팔의 7년의 성취로 인도하는 칠십 이레는 "네 백성과 네 거룩한 성을 위하여" 역사의 기한을 정했다는 말씀으로 "너는 이 일을 생각하고 그 이상을 깨달을지니라"(단 9:23-24)고 기록하고 있다.

③ 2013년 11월에 영국 의회는 유럽연맹의 가입을 의결하였고 동맹을 유지했으나, 12월에 상원에서 보류된 채로 유럽연맹과 연합체제를 유지하였다. 그러나 "그가 그 이레의 절반에 제사와 예물이 금지되고 가증한 물건이 설 것이며" 즉 3년 반이 지난 2016년 6월에 조약을 파기하는 브렉시트 영국의 탈퇴와 분노한 유럽연맹과 짐승의 출현을 의미한다.

결과적으로 미래의 세계 종말에 따른 한국사는 곡식과 가라지로 구별되며 국회의원의 금뱃지가 떨어지고 강남의 집이 똥값이 되는 심판이 오고 있다는 사실이다. 결론적으로 한국을 포함한 세계 성도들의 미래는 2016년이나 2017년을(B.C. 3983년+6000년) 전후하여 3년 반이 되는 2020년에, 공중재림인 휴거(계 11:15)와 지상재림(계 19:19)이 거의 동시에 성취되어 천년왕국으로 들어가며, 이는 휴거를 대환난 전이냐 대환난 후이냐에 따라서 다른 종말의 날을 정하게 되는 것이다.

7월 8일 또 다른 세 가지 이상이다.

사흘 전 요한계시록 9장의 "황충"을 주께 물었는데 어제 황충은 용이라는 해답이 나왔다. 중국 현지 지도자가 아버지와 찬양대원과 같이 홍콩을 방문하는데 홍콩공원과 몇 군데를 안내해 달라는 것이다. 홍콩 공원의 식물원에 가보니 안내자가 "바비용"(巴比龍)이라고 한문으로 표기된 꽃을 설명해 주었다. 사람의 얼굴과 용의 몸을 가졌는데 면류관과 뿔이 3개 있으며 씨같은 검은 점이 두 개의 눈과 코, 열린 입으로 보인다. 황색의 용 "이무기" 즉 종교의 교권을 거느린 왕이요 임금이다.

① 지난 4월에 한 달을 한국에서 안식년의 마지막을 보내었는데 서울 시내 강남에서 바빌론이라고 쓴 간판들을 보았다. 2016년 불과 연기와 유황 곧 황사와 오존이 서울 바벨론을 강타하고 있다. 가톨릭의 딸, 그 열매인 바리새 장로교단이(피의 발자취, 케롤) 자리잡은 큰 성이다.

② 옛 뱀, 사탄의 진이 있는 이슬람 곧 거짓 선지자와 바다에서 나온 짐승, 유럽연맹, 그리고 역시 큰 음녀인 교권 바벨론이 대환난의 3년 반으로 대두하고 있다. 즉 사탄의 삼위일체이다.

③ 요한계시록 17:12의 열왕이 아직 나라를 얻지 못하였으나 곧 짐승과 더불어 일시동안 권세를 받는다. 곧 로마를 정복하였고 그 후 유럽으로 흩어진 10개 민족으로 "나라를 얻는" 유럽연맹이다.

그러므로 세계 교회는 성령의 역사와 함께 사탄이 역사하는 판도가 이스라엘과 중동, 유럽과 아시아, 미국, 한국과 중국에 파멸의 영으로 "사망과 애통과 흉년의 재앙"으로 닥치고 있다.

무엇보다 성령의 참된 증인은 적그리스도인 대적을 분별해야 한다. 거짓된 눈과 시각으로 오히려 주의 군대를 비방하고 싸우는 마귀의 짓을 속히 회개해야 한다. 2016년은 요한계시록 9-18장으로서 말들 같은 모양인 2억의 마병대로 황충의 다섯 달의 재앙이 성취되고 있다.

제1차 대각성운동의 주역인 조나단 에드워즈는 요한계시록 12:6의 "여자가 광야로 도망하여 1,260일 동안 하나님께서 예비하신 저를 양육하기 위하여"를 1,260년으로 진정한 교회가 로마 가톨릭에 핍박받는 기간으로 계산하였다. 그래서 최초 세상 통치와 후원 교황의(이탈리아 반도 papal state, donation of Pepin 이후의 바티칸) 등극인 A.D. 756년에 1,260년을 더한 <u>2016년에 교황의 권세가 무너짐이 성취되며</u>, 또한 요한계시록 12:14의 한 때와 두 때와 반 때의 뱀의 낯을 피한 양육은 3년 반 42개월 1,260일로서 문자 그대로 적그리스도가 예루살렘 성전을 짓밟는 때의 이중 계시의 예언을(계 13:5) 동시에 달성하는 것이다.

그리고 이에 따라 전 3년 반과 짐승이 성전을 점령하는 후 3년 반으로 7년 환난의 시기를 예측하게 된다(Thomas Horn & Cris Putnam, 『로마의 베드로』[Petrus Romanus] [MO: Defender, 2012]).

그렇다면 우리는 말세에 어떠한 영적인 무장을 해야 하는가?

거울에 비친 자신을 보면서 욕하고 싸우는 사람이 있다. 그 사람은 정신 분열증으로 두 개의 영이 싸우는 스키조프레니아(Schizophrenia)의 일종이다. 사울이 신접한 여인을 통하여 죽은 사무엘을 영으로 불렀으나 사무엘의 영으로 가장한 사탄이다(삼상 28:15).

> 나 예수는 … 다윗의 뿌리요 자손이니 곧 광명한 새벽 별이라 하시더라(계 22:16).

이 광명한 새벽 별을 루시퍼 사탄이 자칭한다. 성령의 지혜와 영분별은 바로 이러한 두 가지를 분별하는 것이다. 인생이나 나라와 역사나 성경과 특히 요한계시록은 "사탄의 깊은 것을 모르는 너희에게(당신들에게)"라고 말씀하신다. 그래서 성령의 감동으로 씌여진 말씀은 성령의 영감으로 해석하는 것이다. 필자가 먼저 쓴 책 『영으로 개혁하라』에서 시대적 치유자인 존 알렉산더

두이의 추락을 언급하였다. 자신이 엘리야의 사역을 한다는 남의 거짓말을 알고도 속은 경우이다.

> 개구리 같은 세 더러운 영이 용의 입과 짐승의 입과 거짓 선지자의 입에서 나오니 저희는 귀신의 영이라 이적을 행하여 온 천하 임금들에게 가서 하나님 곧 전능하신 이의 큰 날에 전쟁을 위하여 그들을 모으더라(계 16:13-14).

독자들은 이 성경이 계시하는 그림과 더러운 영을 보는가?

첫째, 천사가 말하는 것 같은 마귀의 말을 믿지 말아라. 삯꾼을 따라 가면서 자신은 살았다고 하나, 지옥에 떨어질 죽은 자라고 말씀하신다(계 3:1).

둘째, 누구는 이단이다 하는 교단과 교리의 거짓 영을 믿지 말라. 신도들의 헌금으로 거짓된 교권과 신문, 잡지, 방송, 뜬 소문 등 입소문으로 세상을 장악한 사탄이다. 혼은 살았으나 영이 팔려 짐승을 대언한다.

만약 더러운 참소자들과 교회와 언론이 돌이켜 회개하여 북한 선교에 전력한다면, 대세를 반전하여 북한 주민의 구원과 영생을 위하여 주가 기뻐하시는 산제물이 될 수 있지 않은가?

어찌하여 기독교의 이름으로 나라를 망치는 고려방자(루시퍼, 배신자)가 되었는가?

사탄이 이 땅의 영빠진 교인 98%인 500만을 잡았다. 두 가지로서 교만과 반성령으로 정복하였다. 곧 성령을 통한 거룩과 기적을 무시하였다. 삼위일체이신 예수의 기적, 성령의 기적, 하나님의 기적을 부인한 것이다. 즉 말뿐인 예수요 그 속은 이름모를 종교로 채워졌다. 별들의 전쟁, 하늘에서 쫓겨난 용과 그 사자들은 간단한 여론몰이로 불 못을 이 땅에 만들었다. 본인이 요한계시록을 영의 2부곡이라고 한 말은 바로 이 두 가지 영의 전쟁을 칭하는 것이다. 촛불 사이를 다니시며 사역자를 돌보시는 주와 교회를 빼앗는 사탄의 투쟁이 요한계시록을 관통하는 것이다.

　검은 성복을 입은 예수회, 히틀러, 그리고 일본의 진주만 공격 등은 바알-알라, 루시퍼, 태양신, 세상 주관자에 의한 전쟁이라는 역사의 기록이다. 영적 전쟁을 깨닫고도 사랑의 영으로 초월, 화합하지 못하는 교회는 실상 **사아의 혼에** 속아서 미귀를 따르는 자들로 변질된다.

## 3. 한국사의 광야 시대

　**대한**민국은 한국에만 있는 용어이다. 미국이나 중국, 일본 등 세계에서 대한민국이라고 부르는 곳은 한 군데도 존재하지 않는다는 사실이다. 대한이라는 "큰" 나라가 아니기 때문이다. 자신에 속은 자가당착이다. 같은 맥락으로 세계와 하늘에서 내려 보는 시각이 다르다는 사실이다.

필자는 28세에 고국을 떠나 40년을 해외에서 살아왔다. 지난 30년간 한국은 하나님을 반역하였다. 동시에 지난 70년간 한국에 맡긴 북한의 복음 사명을 전혀 달성하지 못하였다. 그리하여 이 땅과 사회는 거룩과 옳은 행실을 버리고 악하고 불의한 열매를 맺게 되었다. 이제부터 한 사람, 한 사람을 주께서 심판을 내리시는 죽음의 행진이 시작되는 것이다. 회개의 시간이 지났고 돌이킬 수 없는 시각에 도달하였기 때문이다.

그렇다면 지금은 환난의 어느 시기인가?

요한계시록 10:11은 열린 책에 아울러 인봉하여 남은 비밀이 있는데 곧 "네가 많은 백성에게 …다시 예언하여야 하리라"로 예언의 시대가 왔음을 선언하고 있다. 그리고 이어서 11장은 두 증인, 두 촛대(감람나무)가 등장하여 1,260일을 예언한다. 이것이 로마서 11:25의 신비요 "하나님의 비밀"(계 10:7)인 "이방인의 충만한 수가 들어오기까지"이다.

여기에 아직 묶여있는 이방인이 북한의 동포들이다. 그래서 북한의 해방이 마지막으로 주의 재림 전에 걸려 있는 숙제가 되는 것이다. 바로 이 큰 성 바벨론이 한국이다. 문제는 시간을 다 써버리고 이제는 1년 반 정도의 종말의 시간만 남았다. 홍콩과 같은 통합으로 1국 2제의 전면적 통합이다. 우물 안의 개구리로는 되지 않고 국제적 리더가 나와야 한다.

　과거 20세기 초, 중엽에 중국은 수많은 예언자들을 감옥에 넣었고 살해하였다. 그러나 지금은 한국이 셀 수도 없는 이단대책위원회를 만들고 세계이단대책연합회까지 만들어 세계에서 교권의 패권을 장악하였다. 중세 천주교에 버금하는 현대 교회사의 특이한 사건이다. 그리하여 큰 성 바벨론에 내리는 재앙이 한국을 초토화하고 있는 것이다. 곧 하늘을 닫아 비오지 못하게 하고 물이 변하여 피가 되게 하고 아무 때든지 여러 가지 재앙(질병 등)으로 몰아치는 것이며 두 증인을 잡아 죽이고 그들이 부활할 때에는 큰 지진이 도래한다.

　현재 거짓의 영으로 역사하는 여론 등을 포함하여 온 백성과 나라가 예언자들의 죽음을 즐거워하고 기뻐하여 예물을 보내는 단계이다(계 11장). 우리는 현재 셋째 화가(일곱 대접) 오기 전 첫째와 둘째 화가 임하는 다섯째 나팔과 여섯째 나팔의 시기를 맞고 있다(계 9장). 곧 요한계시록 11:14-15에 일곱째 나팔이 불매 "세상 나라가 우리 주와 그 그리스도의 나라가 되어 그가 세세토록 왕노릇 하시리로다"라고 기록된 휴거가 일어나기 직전의 상황이다.

　그리고 3년 반의 큰 환난으로 이어지는 요한계시록 12, 14장의 핍박과 후교회 시대를 거쳐 나가면서, 계속적으로 사망과 애통과 흉년과 불에 살라지는 심판을 "화 있도다, 화 있도다"로 기록하고 있다. 다시 말하면 우리는 다섯째 나팔이 울려 다섯달 동안 전갈이 쏘는 황충의 시대와 여섯째 나팔이 부는 러시아(터키)를 비롯하여 시리아와 이슬람 연합의 유브라데의 전쟁에 2억의 마병대로 연합군이 포진한 시기를 지나고 있는 것이다.

말세의 세계 속에서 한국의 미래에 닥칠 운명은 다음과 같다. 곧 나라가 일단 깨지는 것이다.

> 여호와께서 므낫세와 그의 백성에게 이르셨으나 그들이 듣지 아니하므로 여호와께서 앗수르 왕의 군대 지휘관들이 와서 치게 하시매 그들이 므낫세를 사로잡고 쇠사슬로 결박하여 바벨론으로 끌고 간지라 그가 환난을 당하여 그의 하나님 여호와께 간구하고 그의 조상들의 하나님 앞에 크게 겸손하여 기도하였으므로 하나님이 그의 기도를 받으시며 그의 간구를 들으시사 그가 예루살렘에 돌아와서 다시 왕위에 앉게 하시매 므낫세가 그제서야 여호와께서 하나님이신 줄을 알았더라(대하 33:10-13).

민수기 13장은 이렇게 시작한다.

> 여호와께서 모세에게 말씀하여 이르시되 사람을 보내어 내가 이스라엘 자손에게 주는 가나안 땅을 정탐하게 하되

그들의 조상의 가문 각 지파 중에서 지휘관 된 자 한 사람씩 보내라(민 13:1-2).

그리하여 열두 지파를 대표하는 열두 명이 사십 일 동안에 땅을 탐지하고 돌아와 보고하였다.

이스라엘 자손 앞에서 그 정탐한 땅을 악평하여 이르되 우리가 두루 다니며 정탐한 땅은 그 거주민을 삼키는 땅이요 거기서 본 모든 백성은 신장이 장대한 자들이며 거기서 네피림 후손인 아낙 자손의 거인들을 보았나니 우리는 스스로 보기에도 메뚜기 같으니 그들이 보기에도 그와 같았을 것이니라 온 회중이 소리를 높여 부르짖으며 밤새도록 백성이 곡하였더라(민 13:32-14:1).

그러나 여호수아와 갈렙은 다음과 같이 보고하였다.

이스라엘 자손의 온 회중에게 말하여 이르되 우리가 두루 다니며 정탐한 땅은 심히 아름다운 땅이라 여호와께서 우리를 기뻐하시면 우리를 그 땅으로 인도하여 들이시고 그 땅을 우리에게 주시리라 이는 과연 젖과 꿀이 흐르는 땅이니라 다만 여호와를 거역하지는 말라 또 그 땅 백성을 두

> 려워하지 말라 그들은 우리의 먹이라 그들의 보호자는 그
> 들에게서 떠났고 여호와는 우리와 함께 하시느니라 그들
> 을 두려워하지 말라 하나 온 회중이 그들을 돌로 치려 하
> 는데 그 때에 여호와의 영광이 회막에서 이스라엘 모든 자
> 손에게 나타나시니라(민 14:7-10).

오히려 백성은 "이에 서로 말하되 우리가 한 지휘관을 세우고 애굽으로 돌아가자 하매"(민 14:4)와 같이 상황은 굳어진 것이다.

가나안 천국의 영성을 살펴보자. 이는 곧 현재 우리 교회의 상황과 흡사한 정황이기 때문이다. 한 사람도 주의 눈을 피할 수 없는 시기가 닥쳐 이제 우리는 광야 40년 죽음의 행진으로 들어가기 때문이다.

왜?

모든 주의 백성이 갈렙과 여호수아를 따르지 못하고 보이는 세상과 제도와 조직에 몸으로 단합한 잘못을 범하였기 때문이다. 주의 계획과 기적, 그리고 하나님을 보는 영적인 시각을 잃었기 때문이다.

> 애굽에서 나온 자들이 이십 세 이상으로는 한 사람도 내가
> 아브라함과 이삭과 야곱에게 맹세한 땅을 결코 보지 못하
> 리니 이는 그들이 나를 온전히 따르지 아니하였음이니라

> 그러나 그나스 사람 여분네의 아들 갈렙과 눈의 아들 여호
> 수아는 여호와를 온전히 따랐느니라 하시고 여호와께서
> 이스라엘에게 진노하사 그들에게 사십 년 동안 광야에 방
> 황하게 하셨으므로 여호와의 목전에 악을 행한 그 세대가
> 마침내는 다 끊어졌느니라(민 32:11-13).

하나님 앞에서 한 번 물러서서 겸비한 마음으로 회개하는 심령을 하나님은 용서하시고 새롭게 쓰시는 것이다. 교활하고 교만한 "교" 목사는 버려짐을 당하되 아주 비참한 말로를 맞을 뿐 아니라 "성 밖에" 혹은 지옥으로 떨어지는 결과를 가져온다는 사실을 두려워해야 한다.

어느 교 목사는 교회가 둘로 나뉘어 졌으나 아직도 사람들의 인기에 둘러싸여 있다. 길 건너에서는 "교 목사 예수 믿고 회개하라"는 푯말을 들고 있다.

그만두고 다시 시작하면 더 큰 부흥을 이룰 수 있을텐데, 왜 들 근처에 새 교회를 내는지, 그렇게 하나님의 권능을 믿고 의지하지 못하는가?

존 파이퍼가 스스로 교회를 사직하면서 한 말이다. 자신이 잘못하여 여러 교인들의 마음을 상하게 하였기 때문에 그만둔다는 사연이었다.

일부 교인들을 포용하려 해도 부족한 것을 깨닫는 사도의 정

신은 한국 교회에서는 찾을 수 없단 말인가?
그렇다면 우리는 무엇이 잘못되었다는 것일까?

> 내가 참포도나무요 내 아버지는 그 농부라 무릇 내게 있어 과실을 맺지 아니하는 가지는 아버지께서 이를 제해 버리시고 무릇 과실을 맺는 가지는 더 과실을 맺게 하려 하여 이를 깨끗케 하시느니라 … 나는 포도나무요 너희는 가지니 저가 내 안에, 내가 저 안에 있으면 이 사람은 과실을 많이 맺나니 나를 떠나서는 아무것도 할 수 없음이라 … 사람들이 이것을 모아다가 불에 던져 사르느니라 … 너희가 내(예수) 말에 거하고 내 말이 너희 안에 거하면 무엇이든지 원하는 대로 구하라 그리하면 이루리라 … 너희가 과실을 많이 맺으면 내 아버지께서 영광을 받으실 것이요 너희가 내 제자가 되리라(요 15:1-2, 7-8).

과거에 대제사장들과 장로들과 서기관들이 다 모여 온 공회가 "어떤 사람들이 일어나 예수를 쳐서 기짓 증거하여 가로되 … 손으로 지은 이 성전을 내가 헐고 손으로 짓지 아니한 다른 성전을 사흘에 지으리라 하더라 하되 … 예수께서 이르시되 내가 그 나라 인자가 권능자의 우편에 앉은 것과 하늘 구름을 타고 오는 것을 너희가 보라 하시니 대제사장이 자기 옷을 찢으며 가로되 우리가 어찌 더 증인을 요구하리요"(막 14: 58-63) 하였다. 그뿐만 아니라 "백성이 다 대답하여 가로되 그 피를 우리와 우리 자손에게 돌릴지어다 하거늘"(마 27:25), 형제자매들이여, 지금 당신의 생각과 이념과 사상이 옳은 것일까?

한국이 망한 이유는 교인 때문이며 교회가 무력한 원인은 교단 때문이다.

왜 교단들이 연합하여 한 목소리를 낸다고 하는가?

선교를 제외한 어느 연합도 고려방자의 패망이란 것을 모르는가?

한국의 1세대가 지난 30년간 남기고 가는 영의 유산은 교단적 패권주의와 인본주의적 이성주의였으며 그로 인한 차세대 리더의 괴멸이었다. "복음과 전도는 성령과 능력"(고후 2:4; 살전 1:5)이라는 침노가 빠진 복음이요 진도로서 오늘날의 힘 없는 교회를 자초하였다.

죄는 용서 받되 죄의 값을 치르는 것이 영의 원리이다. 미래 종말의 10년은 보이지 않는 사망의 영이 평균 수명을 5-10년 단축하게 한다. 90세까지 살 분들이 거의 광야에 묻히게 된다. 그들의 뿌리는 이미 거룩한 영을 떠났기 때문이다. 그러나 우리는 메였던 종들이 돌아와 부흥하는 새로운 성령의 물결을 맞이하게 될 것이다.

민수기 25장은 염병으로 2만 4천이 죽는 사건이 발생하였다.

이스라엘이 바알(루시퍼, 바알-알라, 마귀)이란 우상을 섬겨 하나님의 진노가 임하였기 때문이다. 이 때에 비느하스가 손에 창을 들고 우상을 섬기는 그 이스라엘 남자와 미디안 여인의 배를 꿰뚫어서 두 사람을 죽이니 염병이 이스라엘 자손에게서 그쳤다. 그리고 여호와는 비느하스에게 평화의 언약으로 그와 그 후손에게 영원한 제사장 직분의 언약을 주었다.

바로 한국에 요구되는 한 명의 새 사람이다. "고려방자"가 우글거리는 썩은 세상에 번쩍이는 비느하스의 창이야말로 나라를 살리는 회복의 열쇠인 것이다. 그것이 바로 광야를 헤치고 나아가는 한국사의 불기둥과 구름기둥이 된다.

### 4. 성령교회와 바리새교단(마 5:20)

어느 목사와 신부, 그리고 랍비가 점심을 같이 하고 있었다. 그들은 교인들의 장례를 돌보는데 자신들의 장례식을 맞이할 때에는 사람들이 무엇이라 말할지 희망사항을 말하였다. 신부는 "좋은 양떼의 지도자요 교회의 신조에 충실했던 사람"이라는 평을 듣고 싶다고 하였다. 또한 목사도 말하기를 "나는 훌륭한 남편이며 가정에 충실하고 좋은 목자"라는 평을 원한다고 하였다. 그러자 랍비는 "나는 회중들이 '야, 랍비가 살아서 움직인다!'는 소리를 듣고 싶다"고 하였다(William Novak, Moshe Waldoks,『유대인 유머집』[*The Big Book of Jewish Humor*] [Harper Collins, 1981]).

역시 유대인은 구름기둥과 불기둥을 보고 갈길을 찾던 광야의 민족이며 하늘의 양식인 만나를 먹고 살던 여호와의 기적을 믿는 선택된 민족이다.

그러한 유대인의 신앙을 따라서 예수님의 부활과 성령의 초월적인 역사가 이스라엘을 통하여 전개되는 것이다.

> 예루살렘을 위하여 평안을 구하라 예루살렘을 사랑하는 자는 형통하리로다(시 122:6).

만약 당신의 산업이 피폐하다면 예루살렘이라는 의미를 모르거나 관심이 없기 때문은 아닐까?

> 여호와께서 시온에서 네게 복을 주실지어다 너는 평생에 예루살렘의 번영을 보며 네 자식의 자식을 볼지어다 이스라엘에게 평강이 있을지로다(시 128:5-6).

한편 미국 메릴랜드 주의 아셔(Asher Intrater) 목사와 캐나다의 데이빗 데미언 목사, 척 피어스, 빌 존슨 등의 유대인 목사들은 성령의 불로 타오르는 7억의 성도들을 이끄는 불말이며 특히 중국 교회를 예루살렘에 도착시킨 장본인이다. 그리하여 복음은 2억의 중국 교회의 불병거로 인하여 감람산에 도착하였다. 2,000년의 교회 역사가 끝이 나는 증거의 장이다.

독일에서 살던 탈무드 학자였던 랍비 유다는 B.C. 3983년의 창조로부터 6,000년이 되는 2017년을 6,000년 인류 역사의 마지막 해로 예언하였을 뿐만 아니라 랍비 유다가 죽던 해인 1217년의 예언은 터키가 400년간 예루살렘을 점령할 것과 또 그후의 일들을 예언하였다(실제로 1517년부터 1917년까지 터키가 점령하였다,「이스라엘 투데이 뉴스」).

예루살렘을 떠난 복음이 땅끝인 중국을 지나면서 예루살렘의 동문을 여는 열쇠는 중국 교회가 인수받게 되었다. 그리하여 2014-2015년 2년간에 중국의 120만 목자와 2억 성도를 대표하는 수천 명의 오순절교회를 비롯한 중국의 성령교회는 시온에 도달하여 주의 재림을 기다리게 된다.

중국 교회는 성령이 직접 통치하시는 가정 교회로서 평신도 목자에게 먹을 것과 성령의 인도를 공급하신다. 이러한 사도행전의 교회 제도가 세계 최대인 중국 교회를 부흥하는 능력이 된다. 그리고 중국 교회의 20% 정도는 중국 공산당의 종교국에 속한 목사들이 정부에서 월급을 받는 제도이다. 이렇게 하나님이 복음의 도구로 준비시킨 중국의 역사에서 만주계통(흑룡강과 길림)의 청나라는(1644-1912년) 중국 민족인 명나라(1368-1644년)

시대의 두 배가 넘는 땅으로 확대하였다. 곧 티벳, 신장, 몽고, 만주, 스촨, 운남성, 타이완, 시베리아와 카자흐스탄 일부, 그리고 미얀마와 태국의 국경 지역 등이다.

청나라는 초기에 훌륭한 강희제, 건륭제 등의 황제들이 통치하였다.

다음은 중국의 가장 위대한 황제였던 강희 황제의(1661-1722년) 시, "예수의 죽음"이다.

> 십자가의 사역이 끝났을 때에 시내처럼 피는 흘렀네
> 서방으로부터의 은혜는 1000장의 깊음이요
> 야밤의 법정에서 4번의 심판을,
> 닭이 두 번 울기 전에 세 번을 배신당한 예수
> 500대의 채찍은 남김없이 그의 살을 찢었네
> 두 강도가 그의 곁에 6피트 위에 달렸네
> 그 슬픔은 이 세상 어디에도 누구도 없다네
> 7언과 1필 그리고 10,000영혼의 통곡일세

강희 황제의 통치가 끝날 즈음에는 교회가 300개, 성도가 300,000명에 이르렀다.

그의 또 다른 시, "생명의 보물(보배)"는 다음과 같다.

하늘의 보화는 해와 달 별들이고,

땅의 보화는 곡물과 금은일세….

천국의 문은 처음 사람의 죄로 닫혔다네

구원의 길은 오직 그 아들을 통하는 것,

나는 거룩한 하나님의 아들을 영접하기 원하네

아들 예수로 받는 권세 영생을 위하여

강희 황제는 그 당시 벨기에로부터 온 페르디난드(Ferdinand Verbiest) 가톨릭 선교사와 친분과 교제를 가졌다.

허드슨 테일러(Hudson Taylor)는 1865년 중국내지선교회(China Inland Mission, CIM)를 결성하여 1898년 중국 후난성을 마지막으로 선교 활동을 하였다. 그의 뒤를 이은 중국내지선교회 선교사들은 1949년 중국 공산당이 중화인민공화국정부를 수립하여 1951년에 철수할 때까지 활동하였으며, 1964년 OMF(Overseas Missonary Fellowship)로 선교회의 이름을 바꾸었다.

청나라의 역사를 기반으로 성취되는 중국의 역사와 교회는 사실상 대한제국의 뿌리라고 볼 수가 있다.

먼저 청나라의 전신인 금나라의 역사서인 『금사』(金史)를 보면 다음과 같이 적혀있다.

金之始祖諱函普

初從高麗來 , 年已六十餘矣

兄阿古好佛 , 留高麗不肯從

금나라 시조는 이름이 함보이다

처음 고려에서 나올 때 60세가 넘었다.

형 아고호불은 따라가지 않고 고려에 남았다.

금나라의 시조인 함보가 60세가 넘은 나이에 고려에서 왔는데, 그의 형제는 고려에 남고 혼자만 금나라로 왔다는 이야기다. 그리고 1616년의 후금(後金)으로부터 나온 청나라 황실의 역사서 『만주원류고』(滿洲原流考)에도 금나라(1115년)의 태조에 대해 "신라왕의 성을 따라 국호를 금이라 한다"라는 기록이 있다. 송나라 때의 역사서 『송막기문』(松漠紀聞)은 "금나라가 건국되기 이전 여진족이 부족의 형태일 때, 그 추장은 신라인이었다"라고 전한다.

필자가 중국에 20년을 살면서 단 두 번 김(金)씨 성을 가진 청년과 그 어머니를 만난 적이 있다. 한국 사람과 아주 똑같이 닮은 예의 바른 가족이었다. 또 한 분은 유치원 원장으로 역시 단군의 후손으로 고조선과 고인돌 문화의 맥이라고 본다.

영으로 본 한국사는 이런 비밀을 간직하면서 하늘의 인치심을 받은 중국 교회와 병행하는 것인가?

중국 교회로서 교회사를 장식하는 말세에, 삯꾼 목사들이 세계의 모든 교회를 장악한 작금의 교회 시대는, 종말의 막을 내리면서 새로운 시대와 새 하늘과 새 땅의 인 받은 12지파가 탄생하게 되는 것이다.

이렇게 하나님의 보좌와 어린 양의 성전으로 향한 진리의 길은 성도들의 기도를 통하여 완성되는 것이다. 사역의 모델이 되는 사도 바울의 골로새서 1:9-12은 기도에서 성령으로 가는 관문을 열어준다.

> 이로써 우리도 듣던 날부터 너희를 위하여 기도하기를 그치지 아니하고 구하노니 너희로 하여금 모든 신령한 지혜와 총명에 하나님의 뜻을 아는 것으로 채우게 하시고 주께 합당하게 행하여 범사에 기쁘시게 하고 모든 선한 일에 열매를 맺게 하시며 하나님을 아는 것에 자라게 하시고 그의 영광의 힘을 따라 모든 능력으로 능하게 하시며 기쁨으로 모든 견딤과 오래 참음에 이르게 하시고 우리로 하여금 빛 가운데서 성도의 기업의 부분을 얻기에 합당하게 하신 아버지께 감사하게 하시기를 원하노라(골 1:9-12).

곧 "이로써(For this reason) 믿음, 소망, 사랑, 복음"으로 시작하는 위의 성경 구절을 바탕으로 한 기도는 다음과 같은 결과를 가져오는 원천이 된다.

① 신령한(spiritual understanding) 지혜와 총명
② 주께 합당하게 행함
③ 선한 일에 열매를 맺고
④ 신앙이 자라며
⑤ 영광의 힘과 능력
⑥ 기쁨으로 오래 참음 등

곧 "이로써" 성령 안에서 위에 기술된 모든 성령의 섭리를 세우는 도구라는 점이다.

역사는 언제든지 세상은 자신있다고 하는 수많은 자들의 기록을 보여 주고 있지 않은가?

우물 안에서는 밖을 볼 수 없는 절대적 한계성을 유발할 수밖에 없지 않은가?

흑암의 권세에서 사랑의 나라로 옮긴 증거를 보아야 산다. 잠시 잠깐이면 도달하는 주의 심판이 두렵지 않은가?

옳은 일을 보고도 입을 다물면 화가 임할 것이다.

화 있을진저 외식하는 서기관들과 바리새인들이여 너희는
천국 문을 사람들 앞에서 닫고 너희도 들어가지 않고 들어

가려 하는 자도 들어가지 못하게 하는도다 화 있을진저 너희는 교인 하나를 얻기 위하여 바다와 육지를 두루 다니다가 생기면 너희보다 배나 더 지옥 자식이 되게 하는도다 화 있을진저 소경된 인도자여 … 성전의 금으로 맹세하면 지킬지라 하는도다 화 있을진저 잔과 대접은 깨끗이 하되 그 안에는 탐욕과 방탕으로 가득하게 하는도다 … 이와 같이 너희도 겉으로는 사람에게 옳게 보이되 안으로는 외식과 불법이 가득하도다 예루살렘아 예루살렘아 선지자들을 죽이고 네게 파송된 자들을 돌로 치는 자여 … 그러나 너희가 원치 아니하였도다 보라 너희 집이 황폐하여 버린 바 되리라(마 23:13-38).

예루살렘에 사는 모든 사람에게 알려졌으니 … 이는 모든 사람이 그 된 일을 보고 하나님께 영광을 돌림이라 이 표적으로 병 나은 사람은(나면서 못 걷게 됨) 사십여 세나 되었더라(행 4:16, 21-22).

요엘이 예언하고 성취된 성령의 운동을 이해하지 못하고 핍박하는 자들의 행태이다.

대제사장과 그와 함께 있는 사람 즉 사두개인의 당파가 다

> 마음에 시기가 가득하여 일어나서 사도들을 잡아다가 옥
> 에 가두었더니 주의 사자가 밤에 옥문을 열고 끌어내어 이
> 르되 가서 성전에 서서 이 생명의 말씀을 다 백성에게 말
> 하라 하매(행 5:17-21).

오늘로 이르자면 영의 눈이 먼 모든 교단과 국민과 정부와 국회의원들이다.

> 모세가 말하되 … 누구든지 그 선지자의 말을 듣지 아니하
> 는 자는 백성 중에서 멸망 받으리라 하였고 또한 사무엘
> 때부터 이어 말한 모든 선지자도 이때를 가리켜 말하였느
> 니라(행 3:22-24).

요한은 자신의 세례가 아니라 성령으로 세례를 주는 분을 기다리고 있었다. 그 성령이 임하였고 운행하시고 교회를 다스리심을 알지 못하는 이 땅의 교단들이다.

> 바리새인 가말리엘은 율법교사로서 모든 백성에게 존경
> 을 받는 자라 공회 중에 일어나 명하여 사도들을 잠깐 밖
> 에 나가게 하고 말하되 이스라엘 사람들아 너희가 이 사
> 람들에게(사도들) 대하여 어떻게 하려는지 조심하라 … 이

> 제 내가 너희에게 말하노니 이 사람들을 상관하지 말고 버려두라 이 사상과 소행이 사람으로부터 났으면 무너질 것이요 만일 **하나님께로부터 났으면** 너희가 그들을 무너뜨릴 수 없겠고 도리어 하나님을 **대적하는** 자가 될까 하노라 하니 … 그들이 날마다 성전에 있든지 집에 있든지 **예수는 그리스도라고** 가르치기와 전도하기를 그치지 아니하니라 (행 5:34-42).

이 단계에서 우리는 하나의 중요한 논리를 유추하게 된다. 과거 30년간 한국의 전통 교단이 이단으로 정죄한 성령운동의 후폭풍이다. 교회 시대의 끝에 나타나는 "내 영을 부어주리니"를 모르는 대부분의 교회들이 성령 곧 삼위일체 하나님을 부정함으로서 스스로 이단으로 전락하게 되었다는 사실이다. 성령의 세례에 반하는 잘못된 복음을 전한 결과이며 신앙이다.

왜 우리는 성령교회로서 복음을 성취한다는 것인가?

예수님 자신이 "성령의 능력으로" 갈릴리 교회 사역을 시작했다는 점이다(눅 4:14). 그리고 우리에게도 동일한 "오직 성령이 너희에게 임하시면"(행 1:8)의 명령을 내리고 계시다.

우리 교회는 성령과 기름부음으로 시작하여 진행하고 있는가 스스로 물어야 한다. 그렇지 않으면 복음을 실행할 수가 없기 때문이다.

사람이 운영하는 교회는 성령이 아닌 사람의 일이 될 수 밖에 없지 않은가?

주의 가르침은 누가복음 4:18의 말씀이다.

> 주의 성령이 내게 임하셨으니 이는 가난한 자에게 복음을 전하게 하시려고 내게 기름을 부으시고 나를 보내사 포로 된 자에게 자유를, 눈 먼 자에게 다시 보게 함을 전파하며 눌린 자를 자유롭게 하고 주의 은혜의 해를 전파하게 하려 하심이라(눅 4:18).

간구하시는 예수 제사장, 성령의 검 말씀의 선지자, 만왕의 왕이신 주가 그리스도로 우리와 함께 거하신다. 목사 설교, 예배, 봉사가 아닌 하늘에 운행하시는 북두칠성을 보좌로 삼으신 하나님을 보고 만나는 고인돌교회와 예배를 말하는 것이다.

곧 죄와 흑암과 사탄과 율법에 포로되어 묶인자, 심령이 상한 자를 자유케 하고 빛으로 인도하는 메시아(기름 부음)의 권능으로 인한 사역이다. 주의 영이 아니면 눌린 자와 포로된 자를 보지 못하므로, 결국 교회와 신도를 속이고 복음의 능력이 아닌 가식적으로 지어내는 미사여구를 선포하게 되는 것이다. 성경은 성령의 기름 부음의 사역을 121회 강조하고 있다. 마귀의 일을 멸하고 흑암이 묶여 떠나가는 길은 오직 메시아의 권능을 입음으로 되는 것이다. 이것이 바로 "예수는 그리스도" 복음의 핵심이며 교회의 본질이요 치료와 회복의 실체이다.

오늘 우리의 사회는 성결의 영이 떠남으로 인하여 나라는 더러운 죄악과 부패의 함정에 빠지게 되었으며 이는 교회와 신앙이 급속히 추락하는 결과를 가져왔다. 목사들이 자신의 종아리를 때리는 회개의 한 판 쇼는 실제의 개혁으로 구체화되어야 한다.

현재 세계 교회의 모델은 성령이 인도하시는 중국 교회 곧 목사없는 가정 교회의 2억이다. 이와 더불어 교단이 아닌 카리스마교회와 오순절교회가 각각 3억으로서, 11억 개신교는 8억의 성령 충만의 인도를 받는 교회가 되어가고 있다. 그리고 침례회 협회(Baptist Convention)의 1억 2천만을 더한다면, 성령을 기피하는 교단으로서 장로교 4천만, 감리교 3천만, 루터교 6천 5백만, 안식교 1천 8백만 등 기타 전통 교단은 약 3천만의 소수가 되고 있다.

중국 교회를 비롯하여 세계에서 5천여 명이 참석한 '성령권능 21(Empowered 21) 세계대회'(Global Congress Jerusalem, Jerusalem Payis Arena)가 예루살렘에서 2015년 5월 20-24일에 열렸다. 이 대회는 240개국으로 방송되어 전파되고 오랄로버츠대학교의 빌리 윌슨(Billy Wilson, ORU[Oral Roberts University]) 등 수많은 영적인 메시지로 세계를 강타하였다.

여러분들이 들어본 세계적인 목사들과 더불어 이영훈 목사가 참여하였는데 120여 명의 연사 중 가장 중요한 첫 번째 연사는 필리핀의 제롬(Jerome Ocampo) 목사였다. 그가 하필이면 "한국 교회는 생명의 변화가 없이 교회의 종교 생활에 빠짐으로 인하여 오직 2%만이 진정한 교인이며 과거의 부흥은 사라졌다"라고 선포하였다.

왜 한국을?

마닐라의 제롬 목사는 예수양떼펠로쉽교회의 목사로서 세계 최대 30만 명의 청년 기도 조직인 "예수혁명"(Jesus Revolution Now, www.jesusrev.com)의 창시자이기도 하다.

그러면 98%는 가짜란 말인가?

주의 뜻을 알지 못하는 자요, 성령의 교제를 무시한 자요, 교회만 참석하는 종교 생활의 결과이다.

## 5. 복음주의와 고인돌교회

복음주의는 1520-30년대 이탈리아의 신부를 비롯한 교회 지도자들이 개신교 개혁자들의 저작과 성경을 연구하는 정기 모임에서 출발하였다. 칼 헨리에 이어 도널드 불로쉬(Donald G. Bloesch)는 『복음주의 신학의 요소(Essentials of Evangelical Theology)』에서 자유주의와 근본주의의 중간인 복음주의 신학을 견지하고 있다. 제임스 패커(James Packer) 역시 베스트 셀러인 『하나님을 아는 지식』(*Knowing God*, 1973, [CLC刊, 1996])에서 성경적인 복음주의 조직신학의 영성을 표출하고 있다. 최근 미국의 가톨릭에서도 이러한 영성의 갈급함을 추구하는 것처럼 복음주의는 모든 교단의 융합점의 역할로 대두하고 있다.

오늘날 세계에서 한국의 복음주의 4인방이 복음주의의 열매를 맺고 사회와 교회를 개혁한다는 점은 하나님의 놀라운 은혜로 간주하지 않을 수 없는 것이다.

복음주의(evangelisch, 독일어)는 4가지의 요소가 있다.

① 성경의 권위와 무오성
② 그리스도의 십자가와 죽음을 통한 유일한 구속
③ 개인적 회개와 구원의 필요
④ 복음 전도의 필요, 합리성, 긴급성이다(Alister E. McGrath, 『기독교 신학』[*Christian Theology*] [Blackwell Oxford, 2001]).

이러한 교파를 초월하는 복음주의는 미래 신학의 합일점일 뿐만 아니라, 우리의 조상인 고조선은 이미 오순절교회 이전에, 구약의 예표로서 "알이랑, 하나님과 함께"라는 7만 고인돌교회의 전통을 수립하였다는 사실이다. 또한 복음주의 신학은 제한적 교회신학의 한계를 벗어나기 때문에 가정 교회로부터 성령이 인도하시는 범주에 공생한다고 볼 수 있다.

바야흐로 교회 시대의 2,000년이 끝나고 있다. 세상의 인류와 교회를 장악한 사탄의 목자가 "성전의 거룩한 곳에 서거든"을 성취하였기 때문이다. 곧 98%의 가라지 같은 세계 교회를 지옥의 사자가 통치하는데 마귀의 교권과 교단으로 연합하여 단합하였다.

왜 교회들이 힘으로 연합하여 총회장을 세우는가?

즉 사탄의 일곱 머리이며 열 뿔의 면류관이다.

참포도나무는 2%의 "신령(영)과 진정, 거룩한" 교회여야 한다.

| 2% 교회 | 98% 거짓 교회 |
| --- | --- |
| 성령 안에서의 주의 교회이다 | 반성령과 교리의 연합이다 |
| 주의 교회와 현장사역이다 | 목사와 조직의 가식된 종교생활이다 |
| 요한계시록을 "하경삶"에 적용 전도한다 | 요한계시록을 무시하고 자신과 세상에 바쁘다 |
| 거룩과 옳은 행실로 이긴다 | 교회만 참석, 성공과 교만을 향수한다 |
| 성령의 은사와 열매를 맺는다 | 사탄과 죄악의 열매를 맺는다 |
| 교회의 흰 옷 입은 몇 명이다 | 교회의 98% 대다수 무리이다 |
| 목자와 교인이 주를 섬기는 참 교회이다 | 예수를 파는 삯꾼 목자를 따른다 |
| 천국의 곡식으로 사랑과 대언의 기도 | 지옥의 가라지로 형제를 비방하고 정죄한다 |
| 성령의 치료와 예언을 중시한다 | 하나님과 영적인 사역을 증오한다 |
| 인내와 희락과 "성령으로 믿음"을 행한다 | 바리새인과 니골라당(사탄)의 파당이다 |

2%와 98%의 분별은 영이다. 하나님의 음성은 세미한 성령이시다. 곧 귀에 들리지 않는 영으로 말씀하시는 것이다. 삯꾼 목자도 "희생, 사랑, 겸손, 낮아지는 도전" 등을 말하지만 언행이 일치하지 않는 거짓 믿음이다. 교인들은 사탄의 깊은 것을 파악하지 못하여 거짓 신앙생활로써 금식기도, 헌금 등의 거짓 희생을 추구한다. 오늘의 가라지인 바리새인은 하나님 앞에서 자신의 마음과 동기와 심령이 감찰됨을 망각하며 살아간다.

그렇다면 진정한 하나님의 공동체는 어떠한 것인가?

그것은 예루살렘으로부터 핍박으로 흩어져 로마까지 이른 가정 교회를 말한다. 곧 바울이 2년간 감옥에서 복음을 전하여 로마를 복음으로 정복한 강력한 영적인 점 조직을 뜻하는 것이다.

그 공동체는 사도행전 2:42의 "그들이 사도의 가르침을 받아 서로 교제하고 떡을 떼며 오로지 기도하기를 힘쓰니라"의 모식이다. 로마서 16장에 열거된 브리스길라와 아굴라 또 저의 집에 있는 교회, 그리고 이방인의 모든 교회가 포함되는 것이다. 이렇게 가정 교회의 4가지 요소는 성경 공부, 교제, 떡을 뗌, 그리고 기도이다. 성령이 운행하시는 영적인 가족의 교류이다. 그래서 30분짜리 설교는 필요하지 않고 해당이 되지 않는다. 서로가 참여하여 성령의 가르침을 찾고 인도함을 받는 것이지 그저 교회에 참석하고 돌아오는 형식이 아니다.

오늘 사도행전으로 시작하는 교회의 본질을 놓치면 우리의 삶을 주장하시는 성령의 운행에서 멀어지게 되는 것이다. 이러한 성경적 교회야말로 북한을 복음화할 수 있는 기본적 모델이 된다. 왜냐하면 모든 성도들을 토대로 하는 교회 개척은 건물을 짓는 것이 아니기 때문에 급속한 재생산으로 삽시간에 북한을 복음화하게 한다.

어느 훌륭한 목사가 자기 교회의 부흥에만 전심하여 해외에까지 자기 교회의 방송을 내보낼 수 있는 안테나를 설치하였다. 또 어떤 삯꾼 목사는 평양에 자신의 지교회를 개척하기를 원한다 하였다. 목사의 이름과 자기 교회의 이름이 주님보다 더 중하다는 착각이다. 동방의 두 감람나무는 말세에 사탄의 일곱 머리와 전쟁을 치루는 두 지도자와 더불어의 교회를 지칭한다고 가설해 본다. 두 증인을 죽이려는 세력과 하늘이 내리는 영적인 두 전사의 전투를 뜻하는 것이나. 곧 이들은 애굽이란 이방신과 우상과의 전쟁을 승리로 이끈 모세와 적그리스도의 뿌리인 바알을 제압한 엘리야이다(마 17:3, 12, "엘리야가 이미 왔으되"로서 요한 같은 선지자를 암시한다).

현재 우리는 세계의 마지막 십자군으로 대두하고 있는, '새 예루살렘 운동'을 주도하며 성령이 인도하는 2억 중국 가정 교회의(해외 성도 포함) 평신도 체제를 유의해야 한다.

2009년 미국의 크리스천연구소인 CRI(Christian Research Institute)는 워치만 니(Watchman Nee)와 위트니스 리(Witness Lee),

그리고 리빙스트림 사역(Living Stream Ministry)의 지방 교회를 6년에 걸쳐 재평가하면서 "우리가 틀렸었다"(We were wrong)라고 결론을 내렸다.

CRI는 다음과 같이 말하였다.

> 그들은 단지 교회(only the church)라고 말한 것을 유일한 교회(the only church)라고 말한 것으로 오해받아 왔다. 중국 교회의 일맥인 그들은 단지 종말론 같은 비본질적인 것들이 다를 뿐이며, 오직 진리가 중요하기 때문에 우리는 가장 어려운 말인 '내가 틀렸었다'라는 말이 선택이 아니라 필수적이다. 이러한 선언으로 70명의 서명이 돌이켜졌으며 여러 가지 중상과 모략을 받게 되었다.

이것이 바로 진정한 회개이며 역사의 왜곡을 바로잡는 하늘과 땅에 대한 선언은 하나님과 사람 앞에 새로운 평가와 재신임을 얻게 되는 길이 된다. CRI가 중국 교회 지도자들의 증언에 양심으로 응답하였다는 열쇠가 중요하다. "지방 교회"를 제대로 분석하고 이해한 CRI의 연구는 평가의 수준이 다르다는 사실이다.

상식적으로 이해가 안되는 것은 "내가 틀렸었다"라는 한 마디를 못하여 이 땅의 대다수 목사들이 지옥 불못에 떨어졌다는 사실이다. 교단에서 지금도 공표하고 있는 이단 리스트가 중국에도 있는데 그것이 바로 밑으로 떨어지는 증표가 되는 것이다.

2014년 6월에 중국 정부 교회 목사 4천을 대표하는 30여 명의 목사들과 한국의 기독교와의 만남이 있었다. 두 대표들은 한국과 중국을 대표하지만 성령이 쓰시는 중국의 2억 가정 교회는 (해외 화교 포함) 따로 있는 것이다. 4천 목사와 6만 교회는 공산당에서 월급을 받는 종교국의 당원이라는 사실을 잊지 말자. 그러나 목사들은 아직 부패하지 않고 양심이 살아 있다. 이와는 별도로 성령이 인도하시는 120만 가정 교회의 대표들인 불말과 불병거는 중국 곳곳에 숨어 있으며 따로 홍콩과 예루살렘에서 모이고 있다. 미국 교회도 20여 년 전에 그러한 중국 정부 교단(20%)과의 만남에서 탈퇴하였다.

작금의 시기는 마귀가 역사하는 교단이나 교권 등 대세를 떠나야 산다. 2% 소수가 곡식이다. 현재 말세와 두 증인의 출현과 주의 재림에 연관한 7년 환난의 때를 진단해 본다. 이스라엘은 역사상 두 가지의 중요한 사건을 기록하고 있다. 곧 하나는 1948년 5월 14일의 이스라엘의 독립이요 또 하나는 1967년 6월 5-11일간의 6일 전쟁이다. 1948년의 70년째 되는 해는 2018년 그리고 1967년에 50년 희년을 더하면 2017년이 된다.

만약 2017년을 기준으로 하면 두 가지의 중요한 사건을 예측할 수 있다.

첫째, 짐승 곧 적그리스도의 출현이다. 7년 환난 중의 중간으로 대환난의 시작이다.

둘째, 열왕의 세계적 아마겟돈 전쟁이다. 일곱째 나팔에 예수 재림이나 휴거가 발생한다.

즉 환난의 시작으로부터 현재를 지나가면서 예수의 재림까지 모든 역사의 마지막 나팔이 앞으로 3, 4년 안에 끝이 난다. 이 환난의 초기 때가 두 증인 등이 활동하는 시기가 된다.


## 6. 열린 계시록 강해

요한계시록은 일곱 인, 일곱 나팔, 일곱 대접의 세 부분으로 구성된다.

요한계시록의 주제는 영의 2부곡으로서 구약과 신약을 통하여 주가 반석 위에 세우신 교회로부터 시작하여, 사탄과 적그리스도와의 영적인 전쟁을 지나면서, 새로운 12지파를 시온산, 하나님의 장막에 들어가는 대장정의 순례를 말한다.

환언하면 요한계시록은 어린 양과 하나님의 보좌가 1장부터 22장까지 빠지지 않고 기록된다.

1-3장은 성령이 교회에 하시는 말씀이요, 4장은 "내가 보니 하늘에 열린 문이 있는데" 그리고 5-9장도 "내가 보니"로 하늘의 환상이다. 10-12장 모두 하늘로부터 큰 음성으로 말씀하신다,

이어서 13-22장도 "들을지어다," "보니," "들으니," "신천지를 보니," "주 예수의 은혜가 모든 자들에게 있을 지어다 아멘"으로 끝을 맺는다. "나 예수는 교회를 위하여"(계 22:16)는 마지막 장에서 아직도 잃어버린 양을 찾으시는 세미한 음성이다.

곧 일곱 영, 일곱 교회, 성령이라는 하나님의 영과 이에 반하는 사탄의 회, 용, 일곱 머리요, 무저갱과 짐승의 2부곡이다. 곧 말세의 7년 환난과 적그리스도가 교회를 점령하여 통치하는 반면에 인치심을 받은 14만 4천의 12지파와 이방의 큰 무리가 "시온산"에서 새 노래를 부른다. 즉 교회의 종말의 시대에 하나님께서 사탄의 회를 심판하시고 새 하늘과 새 땅의 성취될 내용을 말한다.

요한계시록의 실체는 **예수(어린 양)라는 핵심과** 타락한 사탄의 세상에 대한 심판이다. 이는 "어두움의 **세상 주관자들과 하늘에 있는 악의 영들**에게 대함이라"(엡 6:12)로서 우리는 하나님의 전신갑주와 "무시로 성령 안에서 기도하고"가 아니면 요한계시록을 이해할 수 없다. 그뿐만 아니라 인류의 역사와 율법과 피의 새 언약의 열매를 요한계시록에서 찾게 되는 것이다.

요한계시록의 주제와 개요는 무엇인가?

첫째, 잃어버린 낙원의 생명나무로(요 15:1, 8; 잠 3:18-19) 돌아가는 하늘과 땅의 구원의 교향곡이다.

둘째, 어린 양의 피로 씻은(죄악을) 성령의 깨끗한 옷을 입는 생명책으로의 초대이다.

셋째, 성령의 거룩한 옳은 행실 또 다른 생명책, 성령의 새 옷을 입었는가?

넷째, 하나님의 선택받은 백성은 요한계시록 7장의 유대인 12지파와 14장의 이방인 12지파로서 하나님의 보좌와 성전에서 12가지 과실로 열매를 맺는다. 두루마리(계 22:14, 말씀을 행하는 자, "do his commandments," KJV 킹 제임스 번역)를 빠는 자들은, 생명의 면류관과 흰돌 그리고 새벽 별과 새 이름으로서, 생명나무의 성전에 들어가는 이김의 비밀이다.

다섯째, 교회사 곧 인류 역사 7,000년을 지나면서 사탄의 회에 대한 심판과 성도들의 상급이다.

또 다른 요한계시록의 특수한 주제는 창세기 3장부터 나오는 옛 뱀, 용, 마귀요 사탄이다. 곧 "양 같은 두 뿔"로 위장하고 세상을 파멸하는 사탄의 장구한 역사를 칭하는 것이다.

오늘날 적그리스도와 사탄의 목자를 따르는 교회와 교단의 교권으로서 교회사에서 1,200년간 성도 5천만을 핍박하고 살해한 가톨릭과 그의 딸들인 회중교, 루터교, 장로교 등의 주요 교단들이다. 바리새인이나 사두개인, 장로, 서기관의 영성의 뿌리를 가지며 예수님이 이미 "모세의 자리"를 차지하였다고 뱀과 독사의 자식들이라고 칭한 세력이다. 마귀의 영을 좇는, 에서와 에돔의 뿌리요 이슬람을 포함한 적그리스도의 교권목사,

장로, 교회를 말한다.

그러므로 우리는 요한계시록에 대한 종합적인 개관으로서 이 땅의 거짓 제사장들인 목사들과 그로 인한 지배적인 세력인 바벨론의 큰 성, 진리를 사칭한 거짓 교리인 진노의 포도주를 주시한다. 또한 성도들의 피에 취한 음녀 등(거짓 선지자와 거짓 교회, 큰 성 바벨론, 계 17:16-18)으로 일곱 머리의 짐승에 속한 사탄의 회를 요한계시록의 일맥으로 분석하게 되며, 동시에 공의의 일맥인 천사들과 하나님의 진노의 심판의 영적인 2중주를 두 가지의 주제로 해석하게 되는 것이다.

**요한계시록의 강해는** 중요한 세 가지 부분과 비밀이 성취되는 폭풍전야의 마지막 밤을 맞는 순간이다.

> 내 오른손에 일곱 별의 **비밀**과 일곱 금 촛대라 일곱 별은 일곱 교회의 사자요 일곱 촛대는 일곱 교회니라(계 1:20).

> 일곱 째 천사가 나팔을 불 때에 하나님의 **비밀**이 그 중 선지자들에게 전하신 복음과 같이 이루리라(계 10:7).

> 큰 바벨론의 비밀과 짐승의 **비밀**(계 17:5, 7).

첫째 부분은 요한계시록 1-7장으로서 **일곱 인의 재앙**이 전개되며 복음의 사역자 14만 4천을 인을 쳐서 부르신다. 교회를 주제로 교회에 주시는 성령의 말씀으로 하여, 7장 교회를 대표하는 12지파의 14만 4천을 언급하며 영원한 어린 양의 목자로 결론을 맺는다.

### 요한계시록 1장

우리를 사랑하사 그의 피로 우리 죄에서 우리를 해방하시고(5절)로 요한계시록의 주인공을 제일 먼저 언급한다. 일곱 영과 사망과 음부의 열쇠를 가진 "인자 같은 이" 곧 예수(전에 죽었으나 산 자)가 사자(천사)와 함께 일곱 별의 **비밀**인 일곱 교회를 운행하심을 기록하라는 비밀이다.

### 요한계시록 2장

거짓된 교회의 회개를 명하며 에베소 교회, 서머나 교회, 버가모 교회, 두아디라 교회의 사자(천사, 사역자, 계 1:17, 그가 오른손을 내게 얹고=오른손에 일곱 별, 사자를 붙잡고 일곱 금촛대 사이에 다니시는 이가 가라사대)에게 편지하기를 성령의 교회를 침투하는 사탄의 깊은 것을 알지 못하는 너희에게, 이기는 자에게는 만국을 다스리는 권세를 주고 또한 낙원의 생명나무의 과실을 먹게 하리라 하신다.

### 요한계시록 3장

1장의 구름을 타고 오시리니 2장의 내가 올 때까지에 이어, 3장에는 내가 도적같이 이르니로 경고하신다. 그리고 사데 교회, 빌라델비아 교회, 그리고 라오디게아 교회의 사자에게 편지하기를 하나님의 일곱 영과 일곱 별을 가진 이가 가라사대 네가 살았다하는 이름은 가졌으나 죽은 자로다 … 거짓말 하는 사탄의 회, 사데 교회에 그 옷을 더럽히지 아니한 자 몇 명이 있어 흰 옷을 입고 주와 함께 다닌다.

### 요한계시록 4장

하늘에 열린 문이 있는데 … 내가 곧 성령에 감동하였더니 보라 하나님의 보좌 앞에 수정과 같은 유리 바다가 있고, 네 생물, 그리고 이십사 장로들이 흰 옷을 입고 보좌에 앉았더라.

"거룩하다 거룩하다 거룩하다 주 하나님 곧 전능하신 이여 전에도 계셨고 이제도계시고 장차 오실 이시라."

이렇게 네 생물은(계 5:6, 8, 14; 6:1, 오라명령; 7:11, 경배; 14:3, 새 노래; 15:7, 심판; 19:4, 경배) 보좌에서 하나님의 사역을 대행하는데, 사자(파워), 송아지(힘), 사람(영성), 날아가는 독수리(빠름) 같은 하나님의 품성이다. 이는 이사야 6:3의 여호와의 영광의 빛으로 인하여 얼굴을 가린 스랍들과 에스겔 1:5-25의 케루빔과(그룹, 히/커룹) 연결되며 "거룩하다"를 세 번 찬양하는 성경과 요한계시록의 주인되시는 하나님으로 시작함을 계시하고 있다(Frank Gaebelein, 『해석자의 성서 주석』[*Expositor's Bible Commentary*] [Zondervan, 1981]). 동시에 거룩은 죄악을 용납하지 않음을 선포하신다.

### 요한계시록 5장

내가 보매 보좌에 앉으신 이의 오른손에 두루마리가 있으니 안팎으로 썼고 일곱 인으로 봉하였더라. 보좌와 네 생물과 장로들 사이에 한 어린 양이 서 있는데(부활하셔서) 일찍이 죽임을 당한 것 같더라 그에게 일곱 뿔과 일곱 눈이 있으니 이 눈들은 온 땅에 보내심을 받은 하나님의 일곱 영이더라(6절). 그 어린 양이 나아와서 두루마리의(a book, 책, 书卷) 인봉을 떼기에 합당하시도다. 동시에 네 생물과 이십사 장로들이 새 노래를 노래하여 가로되 … 사람들을 피로 사서 하나님께 드리시고, 저희로 나라와 제사장을 삼으셨으니 그들이 땅위에서 왕 노릇 하리로다.

### 요한계시록 6장

어린 양이 인을 뗀즉 흰 말(계 19:11의 백마와 다른), 붉은 말, 검은 말, 사망의 청황색 말로서 그들이 땅 사분의 일의 권세를 얻어 검과 흉년과 사망과 땅의 짐승들로써 죽이더라(8절).

마지막 때는 세 단계로서,

첫째, 거짓 선지자, 전쟁, 기근, 전염병 등 해산의 고통이 시작됨을 말한다.

둘째, 대환난(마 24:21)이다.

셋째, 큰 환난 후에 즉시 해, 달, 별들의 변화와 예수의 재림이다(마 24:29-31).

그러므로 6장의 인의 사건들은 앞으로 다가오는 일곱째 나팔이요 하나님의 비밀인 휴거를 예고하는 전조라고 본다(Longman, Tremper, Garland, David E, 『해석자의 성서 주석』[*Expositor's Bible Commentary*] [Zondervan, 2012]).

어린 양이 여섯째 인을 떼실 때에 큰 지진이 나며 해가 검어지고 달은 온통 피 같이 되며 하늘의 별들이 땅에 떨어지며 하늘은 종이 축이 말리는 것같이 떠나가고 각 산과 섬이 옮기우매 땅의 임금들과 민족들과 장군들과 부자들의 심판이 임한다.

### 요한계시록 7장

내가 보니 네 천사가 땅의 사방의 바람을 붙잡아 우리 하나님의 종들의 이마에 인치기까지 땅이나 바다나 나무나 해하지 말라. 내가 인침을 받은 자의 수를 들으니 이스라엘 자손의 14만 4천은 인 맞은 유대인 12지파로서(Walter K. Price, 『마지막 날에』[*In the Final Day*] [Moody, 1977]) 땅에 있으며, 환난을 통과하면서 이스라엘은 주를 섬기게 된다. 또한 이러한 인 맞은 유대인 사역자들의 전도의 결과로서, 9절부터는 "이 일 후에 이방인으로서 각 나라와 백성의 큰 무리가 흰 옷을 입고 보좌 앞과 어린 양 앞에 서서 구원하심이 보좌에 앉으신 우리 하나님과 어린 양에게 있도다" 하고 경배한다. 13-14절은 흰 옷입은 자들은, 후 3년 반의 큰 환난에서 나오는 자들인데 어린 양의 피에 그 옷을 씻어 희게 하였다. 그러므로 그들이 하나님의 보좌 앞에 있고 또 그의 성전에서 밤낮 하나님을 섬기매 … 다시는 주리지도 상하지도 아니하리니 이는 어린 양이 그들의 목자가 되사 생명수 샘으로 인도하시고 하나님께서 그들의 눈에서 모든 눈물을 씻어 주실 것임이라.

**둘째 부분은 8-14장으로** 이 땅의 심판으로서 **일곱 나팔의 재앙**에 따르는 사탄의 회와 곡식의 추수를 보여주며 가라지의 운명도 열거하여 주고 있다.

### 요한계시록 8장

일곱째 인을 떼실 때에 일곱 천사가 일곱 나팔을 받는다. 첫째 나팔에 땅의 삼 분의 일이 타고, 둘째 나팔에 바다의 삼분의 일이 피가 되고, 셋째 나팔에 큰 별이 하늘에서 떨어져 강물의 삼분의 일이 쓴 물이 되므로 많은 사람이 죽고, 넷째 나팔에 해와 달과 별의 삼분의 일이 타격을 받아 낮 삼분의 일은 비추임이 없고 밤도 그러하더라. 화 화 화 세 가지 화, 곧 9장의 다섯째 여섯째 천사의 나팔과 두가지의 화, 그 후로 11:15부터의 일곱째 나팔의 셋째화가 닥쳐옴을 선언한다.

### 요한계시록 9장

다섯째 나팔의 1-12절의 재앙으로 첫째 화와, 이어서 둘째 화인 여섯째 나팔의 13-21절의 불과 연기와 유황의 재앙으로 두 가지로 구분된다. 곧 1-12절의 다섯째 나팔은 무저갱의 사자로서 아바돈이라는 왕과 그의 졸개들로서 "지옥에 던져진 범죄한 천사들"(벧후 2:4)의 출현을 칭한다. 곧 다섯째 천사가 나팔을 불매 내가 보니 하늘에서 땅에 떨어진 별 하나가 있는데 그가 무저갱의 열쇠를 받았더라. 그가 무저갱을 여니 황충들의 모양은 말들 같고, 금 같은 면류관을 썼으며 사람의 얼굴 같고 여자의 머리털 같고 사자의 이빨 같으며, 그리고 전갈과 같은 꼬리와 쏘는 살이 있어 5개월간 사람들을 해하는 권세가 있다. 곧 무저갱의 지옥의 사자가 불 못의 형벌을 땅 위에서 보여 주는 재현이다.

다음으로 13-21절의 여섯째 나팔은 무저갱이 아닌 땅 위의 유브라데 강에 결박한 네 천사가 놓임이며, 불신자들은 회개치 아니하고 우상과 귀신을 섬긴다. 마병대의 말들과 그 위에 탄 자들을 보니 불빛과 자줏빛과 유황빛 호심경이 있고 또 말들의 머리는 사자 머리 같고 그 입에서는 불과 연기와 유황이 나오더라 이 말들의 힘은 입과 꼬리에 있으니 꼬리는 뱀 같고 또 꼬리에 머리가 있어 이것으로 해하더라(16-19절). 1-12절의 금 관을 쓴 황충이나 13-21절의 뱀 같은 꼬리의 마병대는 둘 다 마귀요 옛 뱀인 용의 모습을 닮고 있다. 이 전쟁은 곧 사탄의 귀신들이 들어가 활동하는 2억의 마병대(귀신들린)로서, 혹은 유브라데의 러시아나 터키로부터 시리아, 이라크, 이란의 2억 이슬람 연합군이 예루살렘 성전을 점령함을 예측한다.

17세기 독일의 위텐버르그(Wittenberg)신학대 교수였던 칼리비어스(Abraham Calivius)는 "사람 삼분의 일을 죽이는 마병대의 입에서 나오는 것은 전쟁의 불과 거짓 교리인 연기, 그리고 유황 같은 탐욕의 코란"과 이슬람으로 해석하였다(What proceeds from the mouths of the horses is, according to Calov., properly the Koran, which comprehends within itself sulphurous lust, the smoke of false doctrines, and the fires of wars).

### 요한계시록 10장

내가 또 보니 힘 센 다른 천사가 구름을 입고 내려오는데 … 두루마리를 먹고 많은 백성과 나라에 다시 예언하여야 하리라 (11절)하신다. 구원이 완성되는 11장의 일곱 째 나팔의 예언으로 하나님의 **비밀**이 그 종 선지자들에게 전하신 복음과 같이 이루어지며, 즉 2억의 마병대가 유브라데를 건너 죽이는(계 9:16) 전쟁 직후의 일이다. 힘센 다른 천사가 구름을 타고 하늘에서 내려오는데 무지개가 있고 그 얼굴은 해 같고 그 손에는 펴 놓인 작은 두루마리를(작은 책[βιβλαρίδιον, biblaridion]- 5장과 다른 10장에만 나오는 단어) 들고라는 선언은 10장까지의 일곱 인과 여섯째 나팔의 재앙이 지나간 **열린 계시록**을 뜻하는 것이다. 10장 마지막 절의 결론은 일곱 우뢰의 인봉한 책과 열린 작은 책으로 "네가 많은 백성과 나라와 임금에게 다시 예언하여야 하리라"고 명령하신다.

그 후로 나타나는 비밀과 더불어 11장의 7째 나팔은 용과 짐승으로 전개되며 이어서 7대접의 재앙으로 천재지변의 개벽으로 들어간다. 이 중에 하나님의 비밀이며, 곧 로마서 11:25 "이 비밀은 이방인의 충만한 수가 들어오기까지," 그리고 데살로니가후서 2:7-8 "불법의 비밀이 이미 활동하였으나 … 그때에 불법한 자가 나타나리니 … 주 예수께서 그 입의 기운으로 저를 죽이시고 강림하여 폐하시리라"고 기록한다. 다시 말하면 곧 주가 강림하시고 적그리스도를 죽이는 마지막 한 판이 열림을 의미하는 비밀이다. 번쩍 '휘이' 하면 통곡과 환희의 두 가지로 판결이 난다. 이 세상의 재벌도 거지가 되고 누운 병자는 하늘로 날아 올라간다. 창세기 때부터 나타난 선지자나, 목사, 성도 등 모든 족속이 요한계시록의 주 앞에 홀로 서는 나팔의 날이다.

### 요한계시록 11장

드디어 일곱째 천사가 나팔을 불매 … 세상 나라가 우리 주와 그리스도의 나라가 되고(휴거), "하나님의 **비밀**이 이루리라"처럼 휴거의 후에는 인맞은 유대인 14만 4천이 전 세계 복음화에 나선다(John C. Whitcomb, 『다니엘』[*Daniel*]).

> 주께서 호령과 천사장의 소리와 하나님의 나팔소리로 친히 하늘로부터 강림하시리니 그리스도 안에서 죽은 자들이 먼저 일어나고 그 후에 우리 살아 남은 자들도 그들과 함께 구름 속으로 끌어올려 공중에서 주를 영접하게 하시리니 그리하여 우리가 항상 주와 함께 있으리라(살전 4:16-17).

휴거의 때는 바로 11-15절로 저희의 죽음에서 삼일 반(3년 반) 후 곧 큰 환난 후로 두 증인이 하늘로 올라감과 연결되는 일곱째 나팔이다. 3절부터는 대환난 전의 3년 반과 두 증인의 사역, 그리고 이어서 그들이 증거를 마칠 때에 무저갱의 적그리스도인 짐승이(7절) 성전을 차지하고 동시에 두 선지자를 죽임, 그리고 두 증인은 3년 반 후에 하나님의 생기로 부활한다(마 24:15; 막 13:20).

이 짐승은 요한계시록 17:8, 16에서 음녀 곧 거짓 선지자를 태우고 후에는 불에 태우는 짐승이며 적그리스도이다(9장에서는 황충인 뱀 같은 꼬리의 용이 등장 참조).

하늘로부터 큰 음성이 있어 이리로 올라오라 함을 듣고 구름을 타고 하늘로 올라가니 그들의 원수들도 구경하더라 그때에 큰 지진이 나서 성 십분지 일이 무너지고 지진에 죽은 사람이 칠천이라 그 남은 자들이 두려워하여 영광을 하늘의 하나님께 돌리더라 둘째 화는 지나갔으니 보라 셋째 화가 속히 이르는도다(계 17:12-14).

일곱째 천사가 나팔을 불매(셋째 화) 하나님 앞에 자기 보좌에 앉은 이십사 장로들이 경배하며 … 주의 진노가 죽은 자를 심판하시며 또 무론대소하고 주의 이름을 경외하는 자들에게 상 주시며 … 하늘 성전 안에 하나님의 언약궤가 보이며 또 번개와 음성들과 뇌성과 지진과 큰 우박이 있더라(계 17:15 19).

하늘과 땅의 대역사인 휴거로 이 세상 주관자인 사탄의 통치가 막을 내리며 "여호와의 큰 날"(습 1:7)이 임하여 세상도 하나님의 통치로 들어가는 것이다. 그러나 실질적인 주의 통치의 완성은 요한계시록 20:10에서 마귀가 불과 유황 못에 던져지고 끝이 난다.

두 감람나무(성령의 권능)와 두 촛대(신약과 구약의 영의 빛)는 성소의 순금 등잔대 곁에 있는 기름 부음 받은 자 둘로서 온 세상의 주 앞에 서 있는 자이다(슥 4:14). "일곱 촛대는 일곱 교회니라"(계 1:20)에 의거하여, 두 감람나무와 두 촛대를 교회로 의미하는 해석은 가능하나, 역시 하늘을 닫는 권세로 예언하는 두 증인(모세와 엘리야, 신 18:15; 말 4:5) 혹은 두 증인과 더불어 함께 사역하는 교회를 포함한다.

그리고 그들의 시체가 버려질 큰 성이란 "족속과 방언과 나라"라는 세계를 대표하는 로마로 이를 "음녀인 기이한 바벨론"이라고 본다. 이제 우리는 땅에 거하는 자들을 괴롭게 한고로 두 선지자가 "십자가에 못박히신 곳" 소돔이라고도 하는 타락의 도시요 핍박의 주체인 애굽의 현시대 재판인 사탄의 회와 불의한 교권으로서 그 연장선이다(사실상 요한은 바벨론, 소돔, 애굽, 예루살렘과 로마를 하나로 보며 혹은 타락한 세계를 칭한다).

### 요한계시록 12장

12장은 요한계시록을 1-11장까지 "거룩한 성을 42달 동안 짓밟으리라"(계 11:2)의 전기 3년 반과 12-22장의 후기 3년 반의 큰 환난으로 나누어 주고 있다. 다시 말하면 12장은 13장부터 22장의 설명을 필요로 하는 개론인 셈이다.

첫째, 큰 붉은 용이 머리가 일곱이요 뿔이 열이라, 그 여러 머리에 일곱 왕관이 있으며, 옛 뱀 곧 마귀라고도 하고 사탄이라고도 하며 온 천하를 꾀는 자라. 즉 후기 3년 반의 주역이다.

둘째, 하늘의 별 삼분의 일을 끌어다가 땅에 던지며 용의 사자들도 그와 함께 땅으로 내쫓기니라. 곧 거룩한 백성을 멸하는 "하늘 군대와 별들"의 땅에 떨어짐으로 용의 권세를 칭한다(단 8:10, 24).

13장은 사탄이 바다 짐승, 적그리스도인 666과 땅의 짐승인 거짓 선지자로 용처럼 말한다.

14장은 적그리스도인 짐승의 표를 받는 자, 15장은 짐승의 표를 벗어난 자의 유리 바다 성전이다. 이어서 16장은 짐승의 표를 받은 자가 받는 재앙과 세 더러운 영이 큰 날의 아마겟돈 전쟁을 준비한다. 17장 역시 용처럼 일곱 머리와 열 뿔의 등장인데 짐승의 몸에 하나님을 모독하는 말로 가득한 거짓 종교로서, 큰 음녀가 탄 짐승이며(계 17:3), 어린 양과 싸우는 무저갱으로부터 올라와 멸망으로 들어갈 사탄이요 일곱 왕과 역시의 일곱 나라를 주관하는 여덟째 왕이다.

18장은 큰 권세를 가진 힘 센 천사가 귀신과 각종 더럽고 가증한 새들이 모이는 큰 성 바벨론(짐승의 나라)을 큰 맷돌을 던져 없애버린다. 그리고 19장의 백마를 탄 예수님의 군대의 승리, 20장의 (짐승과 거짓 선지자가 잡혀 유황불 못에) 용 곧 옛 뱀이요 마귀요 사탄을 잡아서 천 년 동안 결박한다. 이와 같이 우리는 곧 요한계시록의 시작인 예수의 탄생으로부터 교회 시대를 거치면서 3년 반의 대환난을 맞으며 아마겟돈의 전쟁의 대략을 이해하게 된다.

중요한 것은 7절의 "용과 그의 사자들"이 펼치는 영적전쟁의 연출이다. 곧 3절의 일곱 머리와 열 뿔의 용이 요한계시록 13:1 에서 바다 짐승으로, 그러나 16장에서는 용과 짐승과 거짓 선지자(땅의 짐승)의 세 더러운 영, 곧 귀신의 영으로 등장하는 것이다. 또한 요한계시록 16:6의 "저희가"와 16:14의 "저희는 (귀신의 영이라)"과, 17:13-14의 "저희는"(열 왕과 권세)과 9:4의 무저갱의 사자인 "저희에게" 등을 연결하여 해석하면 모두 "세 영"(계 16:16; 20:9-10의 저희, 사탄의 군대)에 해당한다.

그러므로 "세 영"인 용과 첫째 바다 짐승인 적그리스도와 더불어 둘째 짐승인 거짓 선지자(로마와 거짓 교회와 교권) 외에도, "용의 사자들과 귀신의 영들"의 출현을 요한계시록에서 분별하게 된다. 곧 일곱 머리(일곱 산이요 일곱 왕)와 열 뿔인(열 왕) 짐승이라는 세상 나라들과 왕들의 역사를 주관하며, 교회사의 핍박에 관여하는 "용의 사자들과 귀신의 영"(세 더러운 영, 계 16:13-14) 이다. 환언하면 "2억의 마병대, 무저갱의 사자들, 세 영이 왕들을 모음, 어린 양과 교회의 대적인 짐승과 땅의 군대들"(계 19:19)로 나타남을 말한다.

12장을 다음의 세 부분으로 1-6절 하늘 별 삼분의 일을 끌어다가 땅에 던진 용의 세상, 7-12절 예수 탄생과 하늘의 전쟁 중 1,260일의 교회 양육, 그리고 13-17절 땅으로 내어 쫓긴 용이 3년 반 교회를 핍박하며(13-16절), 17절 성도들과 싸우려고 분노함이다(바다 모래 위에 섰음은 오역).

첫째, 1-6절에서 3절은 해를 입은 한 여자가 아이를 해산하게 되는데, 하늘의 큰 붉은 용이 있어 머리가 일곱이요 뿔이 열이며 그 여러 머리에 일곱 면류관이 있는데 예수의 탄생과 구원을 삼키려 한다. "남자 아이를 하나님 앞과 그 보좌 앞으로 올려 가더라"는 장차 철장으로 만국을 다스릴 예수와 그의 교회를 말하는 것이다(Ellicott 주석). 동시에 예수의 십자가와 부활이 보좌 앞에 이르는 연고로 참소자인 용이요 사탄은 하늘에 있을 곳을 얻지 못하고 땅으로 내어 쫓긴다. 그리고 여자와 그 후손은 광야로 도망하여 하나님의 예비하신 곳에서 1,260년간 양육을 받는다.

둘째, 7-12절의 그러나 이러한 죄악과 핍박의 세상에서 주의 나라가 그리스도의 역사로시 나타나는 나머지 이방인의 구원은 요한계시록 7:9에 "이 일 후에 내가 보니 각 나라와 족속과 백성과 방언에서 … 큰 무리가 흰 옷을 입고 … 보좌 앞과 어린 양 앞에 서서"뿐만 아니라, 요한계시록 12:6-12의 그 여자가 광야로 도망하는 1,260일의 양육과 "큰 군주 미가엘의 일어남"(단 12:1)이며, 하늘군대의 최종 승리이나 또한 땅에서 성도들과 싸워 이기는 짐승의 권세(계 13:7)와 핍박으로 연결된다. 혹은 13장에서 19장의 아마겟돈까지를 미리 예측하는 것이다.

셋째, 13-17절에서 13절의 용이 여자를 핍박하는 3년 반에 뱀이 토한 강물을 삼키는 땅의 도움과 함께 17절의 용은 여자의 남은 자손인 교회와 싸우려고 분노(enraged)한다. 이는 다니엘 7:8의 작은 뿔(단 8:9-14 참조)인 적그리스도(단 9:27; 11:36-39; 살후 2:4 참조)와 다니엘 8:17의 정한 때 끝의 이상으로서 바벨론과 메대-페르시아, 그리스를 지나는 넷째 왕국인 로마라는 제국이 포괄적, 함의적으로 역사하는 마지막 왕을(단 8:24-25) 칭하는 것이다. 여기서 우리는 요한계시록 11-13, 17장에 이어 등장하는 적그리스도를 본다. 곧 다니엘 7:7-8의 넷째 짐승으로 열 뿔 중에 셋이 다른 작은 뿔에 뽑히며 사람의 눈 같은 눈이 있고 또 입이 있어 큰 말을 하는 적그리스도 즉 황충(계 9장)의 대리자이며(계 13:4), 이 작은 뿔은 3년 반 동안 성도들과 싸워 이긴다(단 7:21).

그리스어로 적그리스도(안티크리스토스[antichristos])는 "안티"의 두 가지 의미로서 그리스도의 적, 혹은 거짓 선지자의 두 가지로 해석한다. 우리가 기다리고 있는 적그리스도는 "지금도 많은 적그리스도가 일어났으니"(요일 2:18)처럼 옛 뱀이요 사탄인 역사와 죄악의 영으로 나타나는 실체를 의미한다. 곧 성령과 예수를 부인하는 거짓 종교집단을 가리키는 것이다.

이제 우리는 적그리스도인 유럽연맹(로마) 혹은 이슬람연합이 뜨고 지는 역사의 배경을 추적해 본다.

① 짐승의 군대는 요엘이 인용한 "북방의 군대"(욜 2:20) 혹은 이사야와 미가 선지자의 "말일에 이르러는"의 적그리스도인 앗수르 군대(미 4:1; 5:5)와 "그를 치는 일곱 목자와 여덟 군왕을 일으킴"(계 11:15, 하늘 군대) 혹은 에스겔 38-39장의 "곡"(Gog)으로도 기록하였다.

② 북방왕 러시아(단 11:40-45)가 남방왕과 적그리스도를 (willful king, 단 11:36-39) 파멸하고 짐승은 죽게된 상처에서 살아나며, 북방왕은 미스터리 처럼(하늘의 불로) 끝이나 망하게 된다.

③ 거짓 선지자는 짐승의 형상을 성전에 건설하게 된다(마 24:15). 그뿐 아니라 그 짐승의 우상에게 생기를 주어 적들을 죽이며 불을 하늘에서 땅으로 내리게 한다(계 13:13-15).

④ 요한계시록 12:6의 "여자가 광야로 도망하여 1,260일 동안 하나님께서 예비하신 저를 양육하기 위하여는, 바티칸과 교황의 등극인 A.D. 756년에 1,260년을 더한 2016년에 교황의 권세가(종교적 로마) 무너짐을 뜻하며, 또한 14절의 한 때와 두 때와 반 때의 핍박은(단 12:7) 땅으로 내어 쫓긴 용, 곧 뱀의 낯을 피한 3년 반 42개월 1,260일로써 문자 그대로 적그리스도가 예루살렘 성전을 짓밟는 때의 이중계시의 예언 성취이다(Thomas Horn & Cris Putnam, *Petrus Romanus*).

무엇보다 우리의 영혼을 울리는 성도들의 좋은 군사가 있으니 마귀의 용과의 전쟁에서 "복음을 위하여 죽기까지 자신의 생명을 사랑하지 않고"(and they loved not their lives unto the death, 계 12:11)라는 증언이다. 12장부터 7개의 싸인이 등장하는데 세 개는 하늘에(계 12:1, 한 여자; 계 12:3, 붉은 용; 계 15:1, 일곱 천사) 네 개는 땅의(계 13:13-14; 16:14; 19:20) 표시이다. 그 일곱 중에 요한계시록 12:1만 좋은 비전이다.

### 요한계시록 13장

바다에서 나오는 열 뿔가진 짐승은 "로마 교회와 제국을 통치하는 적그리스도"(계 13:1; 17장 참조)이며, 곧 이어서 땅에서 나오는 두 번째 짐승은(계 13:11) 어린 양처럼 두 뿔을 가졌으나 용처럼 말하는 가짜로서, 잘못된 교리를 가르치며 세상과 물질을 섬기는 거짓 선지자이다.

마태복음 24:15의 짐승이다.

> 선지자 다니엘이 말한바 멸망의 가증한 것이 거룩한 곳에 선 것을 보거든 … (마 24:15; 살후 2:4, "저는 대적하는 자라 … 하나님 성전에 앉아 자기를 보여 하나님이라 하느니라").

2절의 짐승은 표범(그리스) 같고 그 발은 곰 같고(메대-페르시아) 그 입은 사자(바벨론) 같은데 용이 자기의 능력과 보좌와 권세를 그에게 주었더라(단 7:4-8). 곧 역사에 등장한 악의 세력이다.

살아난 짐승의 상처가 나으매 온 땅이 놀랍게 여겨 짐승을 따른다. 그 배경은 러시아나 터키라고 예측하는 북방왕(겔 38:22; 39:1-4)이 남방왕(이슬람연합 혹은 미국)을 제패하였으나(단 11:40), 적그리스도의 세계 정복의 길을 열어준 것에 불과하다. 왜냐하면 이어서 적그리스도를 격퇴하고 상하여 죽게 되었으나 놀랍게도 종말에는 망하게 되며(겔 38:5, 22), 머리가 일곱이요 뿔이 열개인 바다에서 나오는 짐승은 다시 살아나 예루살렘을 점령할 뿐 아니라 세상과 성도들과 싸워 이긴다는 것이다(단 11:36-39).

불법의 사람이며 자칭 하나님인(살후 2:3-4) 로마왕(제국), "그가"의 적그리스도는 북방왕과 남방왕의 가운데 위치한 팔레스틴으로 유럽연맹과 함께 함을 추정한다(단 11:36-45 해석, George M. Harton, 「그레이스 신학 저널」[Grace Theological Journal], 1983).

## 요한계시록 14장

어린 양이 시온산에 섰고 그와 함께 14만 4천이 섰는데 그 이마에 어린 양의 이름과 그 아버지의 이름을 쓴 것이 있도다. 그리고 땅의 곡식이 거두어지는 한편, 예리한 낫을 휘둘러 거두니 큰 성 바벨론은 진노의 큰 포도주 틀에 밟혀 피가 140마일이다.

그리고 14장의 14만 4천은 땅에서 구속함을 받은 순결한 처음 열매로서, 그 입에 거짓말이 없고 흠이 없는 자(세마포 흰옷은 옳은 행실, 계 19:8)로서, 어린 양의 시온산 하늘에 있음이 대조적이다. 앞에 나온 7장의 14만 4천은 문자적으로 육적인 이스라엘의 12지파라고 볼 수 있다.

그러나 14장 새 노래의 14만 4천은 이 세상의 구원받은 이방인 성도들을 뜻하는 것이다. 그 이유는 다음과 같다.

첫째, 새 노래는 요한계시록 5:9에서도 어린 양의 피로 산 각 족속과 나라를 뜻하는 모든 교회를 칭한다.

둘째, 어린 양과 함께 섰고 또 "더럽히지 아니하고" 그의 구속함을 받았기 때문이다. 이스라엘의 기독교 인구는 아랍계 민족을 포함하면 2%이다. 그러나 유대인만 계산하면 기독교인은 0.2%에 불과하다. 그러므로 유대 12지파를 친다면 14만 4천은 미래에 달성될 요원한 숫자이다.

또 한 가지는 잘못 해석하기 쉬운 부분으로서, 요한계시록 7:3-8의 14만 4천과, 11장의 두 선지자, 증인, 곧 두감람나무와 두 촛대의 사역과 부활의 연관성이다. 곧 "인 맞은 이스라엘 자손의 12지파인 14만 4천은" 두 선지자와 세계 복음화를 위한 유대인 제자들로서 14만 4천을 문자대로 해석하여, 그들이 주의 예비하신 곳의 인도로 1,260일의 양육(계12:6; 단 12:1 "말세 환난 중 책에 기록된 모든 자가 구원을 받을 것이라"; 12:10 "깨닫는 자는 깨달으리라")과 연결하는 것이 이상적이다(John C. Whitcomb, 『다니엘』 [*Daniel*] [Moody, 1985]).

그뿐만 아니라 요한계시록 7:8의 지상의 장면과 "이 일 후에 내가 보니 각 나라와 백성의 … 큰 무리가 흰 옷을 입고 보좌와 어린 양 앞에 서서"로 기록된 9절의 하늘의 성전의 분리된 벽을 복음화의 열매인 이방인으로서 해석하여 채울 수 있게 되는 것이다.

**셋째 부분은 15-22장이며** 하늘에는 유리 바다요 땅에서는 진노의 **일곱 대접**이 쏟아진다. "일곱 천사가 성전으로부터 나와 맑고 빛난 세마포를 입고 가슴에 금띠를 띤" 주인공이 사탄의 회와 거짓 선지자의 세상을 심판하신다.

19-20장은 마지막 심판으로 백마를 탄 예수가 만국을 치겠고 이 세상 임금들과 짐승과 거짓 선지자는 잡혀 불 못에 던져지며 천년왕국이 시작된다.

### 요한계시록 15장

또 하늘에 크고 이상한 다른 이적을 보매 하나님의 진노가 그치는 마지막 일곱 재앙이라. (애굽으로부터 이스라엘 백성을 구원하신) 하나님의 종 모세의 노래(출 15:1), 그리고 14장처럼 14만 4천의 짐승의 핍박을 이긴 성도들이 유리 바닷가에 서서 어린 양의 노래를 부른다. 주 하나님 곧 전능하신이시여 하시는 일이 크고 놀라우시도다 … 주의 의로우신 일이 나타났으매 만국이 와서 주께 경배하리이다.

그리고 하늘에 증거 장막의 성전이 열리며 마지막 일곱 재앙이 준비된다. 증거 장막은 신명기 1:50에서 하나님의 임재를 나타내며 이후에 큰 성 비벨론이 세 갈래로 갈라지는 일곱 재앙이 끝나기 전에는(계 16:17) 성전에 능히 들어갈 자가 없는 것이다.

### 요한계시록 16장

하나님의 진노의 일곱 대접으로 심판하시며 큰 강 유브라데 강이 말라서 동방에서 오는 왕들의 길이 예비되며 개구리 같은 세 더러운 영이 용의 입과 짐승의 입과 거짓 선지자의 입에서 나와 온 천하 임금들에게 가서 전쟁을 위하여 **아마겟돈**이라(19장에서 성취) 하는 곳으로 왕들을 모은다. 필자는 요한계시록 9장과 16장에 **두 번 기록된 유브라데강을** 넘는 두 가지 전쟁에 주목한다.

첫째, 요한계시록 9:14은 여섯째 나팔을 불 때에 "큰 강 유브라데에 결박한 네 천사를 놓아 주라" 하매 등장하는 2억의 마병대로 인한 재앙이다. 이 3차 전쟁은 불꽃 같은 강한 군사요 달리는 기병으로 요엘서 2장에 예언하고 있다.

둘째, 요한계시록 16장의 여섯째 대접으로 "유브라데강이 말라서 동방에서 오는 왕들의 길이 예비되는"전쟁이다. 동방은 히브리어로 시님(Sinim, 사 49:12)은 희랍어 "Sinai" 아랍어 "sin" 중국의 뿌리인 Qin(B.C. 221-206년) 중국이다. 이 전쟁은 "온 천하 임금들" 즉 세계 모든 국가가 모이는 마지막 아마겟돈(har megiddon)인 영적전쟁의 여파인 4차 전쟁이다(사 14:12-15; 겔 38:5; 39:1-8). 곧 마귀의 더러운 영의 삼위일체인 용, 짐승, 거짓 선지자가 온 천하 왕들을 모아 싸우니 큰 성이 세 갈래로 갈라지고 만국의 성들도 무너지니 큰 성 바벨론이 ⋯ 하나님의 맹렬한 진노의 포도주 잔을 받아 없어진다.

여기서 "세 갈래로 갈라지는 큰 성"은 예루살렘이라고 볼 수도 있다. 같은 구절에 나오는 큰 성 바벨론과 반복할 필요가 없기 때문이다(『학생들을 위한 캠브리지 성경』[Cambridge Blble for Schools and Colleges][Cambridge University,1884]). 그렇다면 이 예루살렘 성은 회개로 돌아오는 부흥의 기회로서, 사탄이 성전을 차지하였거나 타락하여 하나님을 떠난 것이다. 이스라엘의 유대인들은 아마겟돈에 군대들이 모이지만 전쟁은 예루살렘에서 일어날 것으로 설명한다.

그러나 요한계시록 16장의 아마겟돈은 용과 짐승(적그리스도)과 거짓 선지자의 세 가지 더러운 영의 활동에 연유하는 것이다. 총체적으로 하나님의 군대와 이에 대적하는 적그리스도의 무리라는 영적인 해석이다. 그러므로 영적인 전쟁을 토대로 한 가설적인 총과 무기의 전쟁의 가능성이다. 곧 타락하여 사탄의 회가 되어버린 거짓 교회와 참포도나무인 신령과 진정한 교회의 전쟁이다.

이런즉 이 세상 임금인 마귀의 군대로 요한계시록 13장에서 "칼에 상하였다가 살아남 짐승"으로서 한동안 임금의 권세를 받으나 아마겟돈 전쟁에서 백마를 탄 주의 군대에 패배하게 된다. 요한계시록 16:15은 "누구든지 깨어 자기 옷을 지켜 벌거벗지 아니하는 자는 복이 있도다"고 초청한다.

그러나 이 재앙의 때를 맞으면서도 "하나님의 이름을 훼방하며 또 회개하여 영광을 주께 돌리지 아니하더라(계 16:9)처럼 사람들은 흑암에 묻혀 있는 것이다."

### 요한계시록 17장

많은 물 위에 앉은 큰 음녀가 받을 심판이다. 이 여자는 성도들의 피와 예수의 증인들의 피에 취한 거짓 선지자와 적그리스도의 총체적 이름으로 땅의 임금들을 다스리는 큰 성 바벨론이다(계 17:18). 15절의 많은 물은 많은 나라들과 백성들이다. 곧 14절의 어린 양으로 더불어 싸우는 평양과 서울, 베이징과 모스코바, 워싱턴이 대표적이다. 그리고 무신론, 이슬람, 거짓 교단과 교권이다. 열왕과 짐승이 어린 양과 더불어 싸우려니와 어린 양은 만주의 주시요 만왕의 왕이시므로 그들을 이기실 터이요 또 그와 함께 있는 자들도 이긴다(14절).

난해한 짐승의 비밀은 즉 전에 있었다가 지금 없으나 장차 무저갱에서 나와 멸망으로 들어 갈 자니, 일곱 중에 속한(of the seven) 자요 여덟째 왕으로, 곧 일곱 나라의 역사를 주관하였던 머리 깨진 사탄을 말한다. 여자의 후손은 뱀(사탄, 용)의 머리를 상하게 할 것이요(창 3:15)처럼 미래에 성취될 예수 십자가에서 패하고 상하였던 용의 잠시간의 권세의 회복이다.

　12절에 열왕은 용으로부터(짐승으로 더불어) 임금처럼 권세를 일시 동안 받으며, 13절은 저희가(열 왕) 한 뜻을 가지고 자기의 권세를 짐승(적그리스도인 교황)에게 준다. 그리고 많은 물 위에 앉은(세상) 음녀(거짓 교회, 계 13:11)가 탄 몸에 참람된 이름들을 쓴, 일곱 머리 열 뿔의 용과 같은, 특별한 짐승은 적그리스도의 분신인 로마 교황(Romish antichrist)이며(계 13:1, 참람한 이름들), 후에는 16, 18절처럼 열 뿔과 짐승(로마)이 땅의 임금들을 다스리는 큰 성의 음녀를 미워하여 불로 사른다.

　일곱 머리와 열 뿔 가진 짐승의 비밀(계 17:7-12) 일곱 머리는 여자가 앉은 일곱 산이요 또 일곱 왕이라. 다섯은 망하였고 하나는 있고 다른 이는 아직 이르지 아니하였으나 이르면 반드시 잠간동안 계속하리라. 전에 있었다가 시방 없어진 짐승은 여덟째 왕이니 일곱 중에 속한 자라 저가 멸망으로 들어가리라. 역사를 제패한 애굽, 앗수르, 바벨론, 메대-페르시아, 그리스, 로마, 신로마인 유럽연맹의 일곱째를 지나는 사탄의 나라이다.

그리고 여덟째 왕은 적그리스도이다. 곧 후의 3년 반의 주역인 짐승이다.

> 네가 보던 열 뿔은 열 왕이니 아직 나라를 얻지 못하였으나 다만 짐승으로 더불어 임금처럼 권세를 잠시 동안 받으리라(계 17:12).

이 성경 구절은 다니엘 7:7-8에 열 뿔이 있고 사람 같은 눈을 가졌고 큰 참람된 말을 하는 적그리스도로 예언이 되어있다.

다니엘이 언급한(2:43-44; 7:8) 말세의 열왕은 로마를 세운 독일의 10개 민족으로서 나중에는 유럽과 미국으로 흡수되었다. 열개의 발가락은 나라의 수가 아니라 10개 민족을 의미하며, 이들은 유럽연합의 기초가 되었으며 또한 유럽의 이민으로 미국을 형성하게 되었다. 독일의 10개 게르만족은 프랑크, 앵글, 데인(덴마크), 스윙(스웨덴), 롬바르드(이탈리아), 벌간디, 프리스랜드, 에섹스, 웨섹스, 색슨 등이다(Harry R. Boer,『초대 교회 간략사』[*A short History of the early Church*] [WM. B Eerdmans, 1976]).

역사를 통해 세상을 주관하는 사탄의 열 뿔이 펼치는 말세의 전쟁과 "로마제국·바벨론의 부활, 제1 신성로마(800-1806), 제2 프러시아(1871-1918), 제3히틀러(1933-1945), 그리고 유럽연합(1993-2017)"인 적그리스도의 미래 역할은 무엇인가?

내가 밤 환상 가운데에 그 다음에 본 넷째 짐승은 무섭고 놀라우며 또 매우 강하며 또 쇠로 된 큰 이가 있어서 먹고 부서뜨리고 그 나머지를 발로 밟았으며 이 짐승은 전의 모든 짐승과 다르고 또 **열 뿔**이 있더라, 내가 그 뿔을 유심히 보는 중에 다른 작은 뿔이 그 사이에서 나더니 첫 번째 뿔 중의 셋이 그 앞에서 뿌리까지 뽑혔으며 이 작은 뿔에는 사람의 눈 같은 눈들이 있고 또 입이 있어 큰 말을 하였더라(단 7:7-8).

곧 요한계시록의 주류로 등장하는 "일곱 머리와 열 뿔"은 사탄의 회이며 짐승으로서 적그리스도이다. 거룩한 성전에 선 가증한 적그리스도로서 교회와 성도를 죽이는 짐승이요 666이기도 하다.

"여자가 붉은 빛(a red color tinged with blue) 짐승을 탔는데 … **일곱 머리와 열 뿔이**(짐승의 비밀) 있으며 … 열 뿔과 짐승이 음녀를 미워하여 … 불로 아주 사르리라."

여자가 탄 "붉은 빛" 짐승은 요한계시록 12:3에 나오는 붉은 용의 붉은 색이 아닌 것에 유의하라!

빨강(Red)과 스칼렛(Scarlet, red and purple) 푸른색이 약간 비치는 진홍색의 차이가 있다. 이 진홍색은 로마 교황을(예복) 의미한다. 그리고 음녀는 로마(도시)이자 바벨론을 칭한다(계 17:18).

곧 로마 가톨릭과 세상의 정권, 바알과 이 세상 신들, 사탄의 회, 개신교의 교권 등으로 볼 수 있다. 이는 이사야 47장의 "처녀 딸 바벨론이여 … 네 속살이 드러나고 네 부끄러운 것이 보일 것이라 내가 보복하되 사람을 아끼지 아니하리라 우리의 구원자는 그의 이름이 만군의 여호와 이스라엘의 거룩한 이시니라"로 설명하며, 음녀가 하나님을 대적하는 주체임을 예시하는 것이다.

### 요한계시록 18장

큰 성 바벨론 귀신과 각종 더러운 영이 모이는 적그리스도의 만국이 불에 타 일순간에 망한다. 성(도시)에서는 등불 빛이 다시 비취지 아니하며 불이 타 보이지 않는 산업과 경제의 몰락이다. 이방의 우상과 제사로 세상을 경배하고 거짓의 영에 속아 선지자를 죽인 종교인들이다(렘 51:35). 그러나 하늘과 성도들과 사도들과 선지자들아 그로 말미암아 즐거워하라 하나님이 너희를 위하여 그에게 심판을 행하셨음이라 하신다. 17장이 교회를 핍박한 교권으로 역사적 영적 바벨론이라면 18장은 한 때 부흥하였던 경제적 바벨론으로서 미국이나 남한을 칭할 수 있을 것이다.

### 요한계시록 19장

할렐루야로 4번 경배하면서 타는 불꽃의 심판으로 예수가 재림하신다(요 14:3; 살후 2:1-15; 사 63:1-6). 보좌에서 음성이 나서 가로되 하나님의 종들 곧 그를 경외하는 너희들아 무론대소하고

다 우리 하나님께 찬송하라(5절), 곧 작거나 큰 자나 다 오라고 부르신다.

다시 말하면 우리가 마지막 나팔에 순식간에 홀연히 다 변화하리니이다(고전 15:51-52). 예수의 강림은 지금의 요르단인 에돔(적그리스도) 즉 보스라에 강림하시며 아마겟돈의 전쟁이 이루어진다(사 34:1-6; 63:1-6; 슥 14:4, 감람산에 서실 것이요).

요한계시록 11:15의 일곱째 나팔과 16:16의 아마겟돈과 19:19의 백마는 주의 나라가 성취되는 같은 사건으로, 예수의 공중재림과 지상재림도 같은 때(105일 차이, 단 12:12)에 성취되는 것이다. 곧 이어서 지구는 큰 재앙으로 멸망하고 동시에 지구는 천년왕국의 새 땅으로 변하며 거룩한 성이 펼쳐진다.

대적인 짐승이요 신로마의 최후, 멸망의 순간은 창조주의 불꽃 같은 보좌에 만만의 시위하는 사와 심판을 베푸는 책들이 펴놓인 장면이다. 그리고 넷째 짐승이며 작은 뿔(로마)이 불에 던져지는 심판과 그 남은 짐승 셋은 파멸이 아닌 세 나라로 바벨론, 페르시아, 그리스의 로마(넷째) 흡수를 말한다(단 7:10-12).

이렇게 7년 환난이 끝나고 큰 잔치의 새 시대가(17절) 열린다. 유의할 점은 혼인 초청은 각 개인을 칭하는 것이다(계 3:20, 『메이어의 신약주석』[*Meyer's NT Commentary*]). 어린 양의 혼인기약이 이르렀고 빛나고 깨끗한 옳은 행실의 세마포를 입으며 하늘이 열리고 백마 탄 자가 공의로 심판하며 싸운다. 요한계시록 16:16에 예고한 대로 마지막 아마겟돈 전쟁의 내용이다(Tim Lahaye, 『성경 예언 주석』[*The Popular Bible Prophecy Commentary*] [Harvest house, 2006]).

짐승이 잡히고 거짓 선지자도 함께 잡혔으니 산 채로 유황 불 붙는 못에 던지운다. 만왕의 왕이요 만주의 주, 그리스도의 비밀한 이름은 "하나님의 말씀이라 칭하더라." 하늘에 있는 군대들, 천사들과 성도들이(계 19:8, 19, '빛나고 깨끗한 세마포,' for the fine linen, white and clean, is the righteousness of the saints, 所行的义) 역시 백마를 타고 그를 따른다. "또 친히 저희를 철장으로 다스리며 … 맹렬한 진노의 포도주 틀을 밟겠고"를 보듯이 성도들은(군대, 교회) 싸울 필요가 없이 친히 하나님 곧 전능하신 이의 심판이다.

> … 예수 안에서 자는 자들도 하나님이 그와 함께 데리고 오시리라(살전 4:14).

곧 자는 자들은 예수와 연합하여 소생이 아닌, 잠은 자고 있는 현상의 "임신(희)"으로부터 함께 출현하여 강림하는 것이다.

## 요한계시록 20장

그리스도의 지상재림과 천년왕국이다(겔 20:34-38; 40-43장; 사 2:6-9; 11:1-10; 65:20).

우상을 친 돌은 태산을 이루어 온 세계에 가득한 것처럼
(단 2:44-45).

영원히 망하지 않는 제5왕국이다. 이로써 이스라엘과 이방의 모든 반역은 사라지고 여호와를 아는 지식이 충만하게 된다. 다니엘 12장 마지막 절은 적그리스도의 통치인 미운 물건을 세울 때부터 1,290일, 그리고 1,335일까지 이르는 그 사람은 복이 있으리라 결론을 맺는다. 1,260일로부터 나머지 30일은 주와 그의 나라가 성전을 청결케하는 기간이며, 75일을 더한 1,335일은 "나라와 열방을 심판하는 여호사밧의 골짜기"의 판결로서(욜 3:1-17) 요한계시록을 보충한다.

여호와의 영광이 동문을 통하여 성전으로 들어가고 영이 나를 데리고 안뜰에 들어가시기로 내가 보니 여호와의 영광이 성전에 가득하더라(겔 43:3-4; 10:18, 주가 떠난 곳). 곧 짐승의 표를 받지 아니한 자들이 살아서 그리스도와 더불어 천년 동안 왕노릇 한다(4절, 이는 첫째 부활이라[5절], 눅 14:14 참조). "그 나머지 죽은 자들은" 구약의 성도와(단 12:13) 교회 시대의 성도들을 포함한다(Laheye의 『요한계시록 강해』).

천사가 용을 잡으니 곧 옛 뱀이요 마귀요 사탄이라 잡아 일천 년 동안 무저갱에 잠그나 그 후에는 잠간 놓이리라, 천 년 후 사탄이 옥에서 나와 곡과 마곡을(겔 38-39장, 환난의 초기와 다른 두

번째 곡의 전쟁) 미혹하고 모아 성도들과 싸우나 하늘에서 불이 내려와 저희를 소멸한다. 흰 보좌 앞의 심판에 또 다른 책이 펴졌으니 곧 생명책이라. 죽은 자들이 자기 행위를 따라 책들에 기록된 대로 불신자들이 심판을 받으니(LaHaye,『쉬운 예화 중심 계시록』 [*Revelation Illustrated and Made plain*], 300; 롬 8:1; 14:10-12; 고전 3:12-15), 이것은 둘째 사망 곧 불 못이라(마 10:28; 23:33).

### 요한계시록 21장

새 하늘과 새 땅으로 처음 하늘과 처음 땅은 악하여 소멸되었고(벧후 3:10-12), 하늘에서 내려오는 맑은 유리 같은 정금으로 된 거룩한 성 예루살렘은 300마일로 길이 넓이 높이가 같고, 오직 들어가는 자는 어린 양의 생명책에 기록된 자들뿐이라.

새 예루살렘은 마지막 비전의 성취이며 이사야 60-65장과 에스겔 40-48장의 응답이요 일곱 교회의 이기는 자(빌라델비아)에 대한 약속이다. 무엇보다 "하나님의 장막"(dwelling, 거하심)으로 주가 친히 우리와 함께 계시고 만물을 새롭게 하신다는 죄와 사망의 역사에 대한 최종적 해방과 자유를 일컫는 것이다. 그리고 끝으로 마지막 장은 교회에 주는 맺음의 인사말이다.

### 요한계시록 22장

하나님과 어린 양의 보좌로부터 나는 생명수의 강을 위하여, 무엇보다 다섯 번 강조된 말씀은 7, 9-10, 18-19절의 두루 마리의 예언과 14절의 이 책대로 행함(Blessed *are* they that do his commandments)이다. 밧모섬의 요한에게 처음 나타나셨던 요한계시록 1:4의 은혜는, 속히 오실 상을 주시는 주 예수의 은혜로서(계 22:21) 끝을 맺는다. 한 가지 경고는 개들과(마 15:26, 사악한 죄인, 불신앙의 이방인) 세상 숭배자들과 거짓말을 지어내는 자마다 성 밖에 있으리라와 생명나무에 나아가며 성에 들어갈 권세의 두 가지의 제시이다. 불 못과 다른 성 밖이라는 다른 표현이 주목된다.

하나님과 및 어린 양의 보좌로부터 생명수의 강이 흐르고 강 좌우에 생명나무가 있어 열두 가지 실과를 맺히되 달마다 그 실과를 맺히고 그 나무 잎사귀들은 만국을 소생하기 위하여 있더라.

두루마리(이 책, 书, 7, 18절)의 예언의 말씀을 지키는 자와 듣는 자, 그리고 그 두루마리를 빠는 자들은 복이 있으니 저희가 생명나무에 나아가며 거룩한 성에 참예한다. 생명나무는 예수를 의미하며(길[Gill]의 주석, 잠 11:30, "의인의 열매는 생명나무라 지혜로운 자는 사람을 얻느니라," "wins souls," "영혼을 얻는다") 열두 가지 실과는 그의 교회요, 성령의 인으로 새롭게 태어난 열두 지파의 14만 4천의 성도들이다.

창세기 2:9의 인간의 죄로 인하여 금지되었던 생명나무, 그리고 요한계시록 2:7에 이기는 자에게 약속하였던 생명나무는 마지막 성경의 요한계시록 21-22장에서 어린 양의 생명책과 "이

책의 예언을 지키는 자의 복" 옳은 행실로서, 보좌로부터 흐르는 사랑의 생명수의 강, 만민을 소성하고 치료하는 생명나무로 성취되는 것이다.

한글판 개역에 비하여 새로 나온 개역개정판은 책(계 5, 10, 22장)을 중국의 옛날 두루마리로(书卷) 해석한 것과 다니엘이 "혼절하여"(단 8:27)를 "지쳐서"로, 또한 말씀을 지켜 행하는 자(14절, "do," 19절)를 두루마기를 빠는 자로 해석한 것은 성령의 역사를 육체로 푼 것이다.

이러한 배경에서 우리는 한 가지의 진리를 터득하게 된다. 그것은 "선과 악의 지혜의 나무"를 보는 영적인 시각이다. 생명나무를 예수로 상징하듯이 선악과 역시 하나님의 품성, 명령, 영광, 영이요 나라로 해석하는 영적인 지혜이다. 산과 숲에 있는 선악과가 아니라 하나님 자신에 대한 불순종으로 해석함으로 이것을 원죄의 개념(계 2:17, 영적 사망, thou shalt surely die)으로 정립하는 것이다. 이렇게 하여 사탄의 배역에 참여한 인류는 창세기로부터 시작하여 영의 전쟁으로 역사하면서, 어린 양의 피와 채찍에 맞음의 대가로 구원의 중생(영)과 요한계시록의 심판으로 종말을 맺게 된다.

성경 말씀을 해석하면서 한 가지 주의할 일은 특히 요한계시록에서 유대인이나 이스라엘을 지나치게 "영적인 이스라엘"로 잘못 해석하는 "영적인 성경 해석"(spiritualizing Scripture)이다. 그러면 유대인들을 "영적 이스라엘"인 교회로 해석하거나 천년왕국을 부정하는 결과를 초래하기도 한다. 이러한 영적주석가들이 풀(Pool), 헨리(Henry), 스캇(Scott), 그리고 클라크(Clarke) 등 이다. 그러나 성경이 예언으로 성취하고자 하는 문자적 역사적 배경(context)을 소홀히 할 수 없는 일이다.

마지막으로 요한계시록과 더불어 중요한 미래를 위하여, 양의 교인이나 목자들이 스스로 살 길을 찾아 하나님을 의지하는 신앙의 모식을 이야기 한다.

중국 교회는 "안보위"(中國的国家安全委员会, Chinese National Security Commission, CNSC)와 더불어, 공산당 종교국의 지도를 받는다. 정부 교회는 물론 가정 교회도 마찬가지이다. 이러한 상황에서 자신이 갖지 못하는 집이 아닌 어느 성도의 집에서 무보수로 사역하는 분들이 중국 가정 교회의 목자들이다.

120만 가정 교회와 1억 5천만 신도로서 교단이 없는 교회가 자명하지 않는가?

이들이 홍콩에서 일 년에 한 번씩 2만 명이 모이는 집회는 "회가"(回家) 대회 곧 홈커밍(Home Coming)이다. 연사가 없이 성령이 말씀하시고 세상 집이 아니라 하늘 집을 앙망하는 본향의 집회이다.

최근에 어느 목자는 주위의 7-8명의 친구 목자들의 생활비 3천 원을 위하여 기도를 부탁하였다. 미국 돈으로 500불이 못되게 생활할 수 있단다. 그래서 중국 교회는 하늘의 만나를 바라보기 때문에 타락할 여지가 없고, 자신들이 자칭 정통 교단이라고 큰 소리칠 일도 없다. 이 두 세 사람이 모인 교회를 주님은 "교회의 몸이요 머리"라고 하시는 것이다.

바울은 주위에 충만한 98%의 가라지들에게 "마귀의 자식이요 모든 의의 원수여 … 시기가 가득하여 … 언론과 유력자(목사)들을 선동하여 바울과 바나바를 박해하게 하여 그 지역에서 쫓아내니"(행 13:10, 45, 50)라고 기록하고 있다.

어느 것이 하나님께서 원하시는 진정한 교회인가?

그 중국의 가정 교회가 세계 교회를 제치고 2014-2015년에 예루살렘에 도달하여 주의 재림을 찬양하고 기도하였다는 사실이 새삼스럽게 여겨진다.

## 7. 세계 교회와 신학의 미래 동향

요한계시록에 대한 고찰은 이 정도로 하고 신앙의 전반적인 평가를 고찰해 본다.

필자는 1975년 이후 미국에서도 이민 1세의 원로 목사들을 보좌하였으며, 90년도부터는 역시 표준인 미국 침례회 지구촌교회에서 성경 교사로 또한 장로교에서 교육 전도사로 섬겼다. 세계한인선교대회에서는 조동소 목사의 소개로 조동진 목사를 뵈었으며, 대회장에서는 한국국제선교회(KIM)의 마지막 회의에도 참석하였다.

1998년부터는 홍콩 선교부에서 사역하고 있으며, 중국의 교회 전략, 그리고 미국침례회 170년의 선교 역사를 바탕으로, 영적인 7가지 원칙을 모델로 설정해 본다. 이 모델은 앞으로 성취될 통일 한국에서 북한에 임하실 성령의 불말과 교회 부흥의 기초석이 될 수도 있을 것이다.

먼저 성경에서도 예수님의 말씀 특히 4복음서를 기준으로 한다.

> 물과 성령으로 나지 아니하면 하나님 나라에 들어갈 수 없느니라(요 3:5).

곧 성령의 열매가 관건이다.

> … 내 아버지의 뜻대로 행하는 자라야 천국에 들어가리라 (마 7:21).

> 이 반석 위에 내 교회를 세우리니 음부의 권세가 이기지 못하리라(마 16:18).

교회는 주가 주인이며 친히 세우신다.

위로부터의 지혜, 곧 하나님의 완전한 권위, 사랑, 거룩으로 행하는 것이다. 잘못된 이론이나 행위에 대하여 비평과 함께 사랑으로 권면하면 문제가 풀리게 된다.

비본질적인 이론으로 인한 분열과 정죄를 삼가야 한다. 특히 요한계시록은 여러 가지 해석이 가능하다. 무엇보다도 예수를 믿고 죄사함을 받았으면 성령의 인치심을 받는다. 그러면 주 안에서 하나님의 뜻을 따라 성령의 열매로 그 사람의 구원을 성취하게 되는 것이다. 한 번 믿었다고 다 구원받는 것이 아니라는 진리와 복음으로 새롭게 되어야 한다.

미국과 중국, 그리고 세계 최대 개신교에서는 알파코스나 사도, 방언, 성령의 나타남, 백투예루살렘, 아이합, 대학생선교회(CCC), 예수전도단(YMAM) 등에 포용적이라는 세계 선교 85%의 대세를 인식하라. 방언은 혼란을 피해 공적으로 하지말고 개인적으로 하라는 사역의 지침도 있기는 하다.

랜디 클라크(Randy Clark)의 "글로벌 각성"(Global Awakening) 사역의 일환으로 최근에 레이프(Leif Hetland)는 파키스탄을 비롯한 중동에서 이슬람 신도 50만 명이 예수를 믿는 역사도 일어났으며, 랍비 보리스(Boris)는 모스크바에 1,000명이 넘는 세계 최대의 메시아닉 유대 교회를 세웠으며 올레그(Oleg)는 우크라이나에서 제일 큰 유대인 교회를 세웠다. 브라질에서도 지난 4년간

10만 명이 병고침의 기적을 경험하였다. 이들과 연합한 유대인 사역이 중국 교회를 이스라엘로 인도하고 있다.

> 여호와께서 시온으로 돌아오실 때에 그들의 눈이 마주보리로다(사 52:8).

말세에 영광의 아버지께서 지혜와 계시의 영을 우리에게 주시면, 성도 안에 영광의 풍성이 기업으로 임하시며, 초강력의 능력과 초월의 영으로 세상의 통치와 만물을 복종하게 하시는 것이다(엡 1:15-23).

통일 한국은 전인적인 거룩과 공의를 바탕으로 전인적 치료와 회복을 추구하는 일이다. 70년의 고난의 행군에서 파김치가 된 주민들에게 예수의 사랑과 영적인 가치관으로 섬기는 작업이다. 성스러운 도덕의 국민으로 스스로 개혁 할 수 있는 능력으로 무장하는 것이다. "빛의 열매는 모든 착함과 의로움과 진실함에 있느니라"(엡 5:9)와 더불어 "성령으로 믿음, 지혜, 능력 행함을 …"(고전 12장) 성령이 없이는 믿음도 구원도 없다.

현재 한국 교단이 지향할 복음의 핵심은 "예수 그리스도의 이름으로 세례를 받고 죄 사함을 얻으라 그리하면 성령을 선물로 받으리니"(행 2:38)로서, 성령의 증거와 열매가 선과 거룩으로 증거되어야 한다는 것이며, 양자의 영과(중국어 성경은 "아들의 마음," 儿子的心) 신분(권세)으로 주(아버지)와 함께 동행한다는 사실이다. 지금 우리는 이러한 복음의 실체가 결핍하여 거룩이 타락으로, 당연히 누려야 할 양자의 영이 아버지가 없는 고아의 영으로 변질되어 신앙의 무력함과 혼란을 겪고 있는 것이다.

대부분 이단대책위원회(이대위)는 교회사에서 가톨릭을 추월하는 사악한 교권이다. 오직 한국의 교권이 세계 여러 나라에서 (세이연) 활약을 하는데 거의 전부가 거짓 선지자들이다. 이들은 한국의 대표적인 목사 복음주의 4인방(지난 30년 5만 목자 배출 추정)을 성령운동을 옹호한다고 모욕하였다. 이단이라고 정죄한다고 이단이 되는 것이 아니라 그 반사적 역동성을 보아야 한다. 적그리스도의 패권인 이대위로 인하여 사회가 분열되었고 교회가 분쟁으로 찢어지게 된 것이다.

① 교리가 아니라 마음과 영을 감찰하시는 하나님이시다. "너희들은 형제를 비판하지 말라고 하셨다." 곧 하나님께서 하시는 뜻과 주권을 간섭하면 안 된다.
② 이단대책위원회는 우물 밖에서는 개구리의 영, 이단이 된다. 케네스 해긴이 양성한 5만 목사와 신사도교회가 181개국에 1,100만이 있기 때문이다(카리스마와 오순절교회 7-8억 개신교 70% 포함). 남침례회의 의사 선교사인 찰스 휠딩은 사도의 라틴어 번역이 선교사이므로 우리는 모두 사도

적 일꾼이라 정의하는데 이는 곧 신사도라고 볼 수 있다고
하였다(고전 4:9, apostolic minister, Charles Fielding, 『설교와 치유』
[*Preach and Heal*] [IMB, 2008]). 어느 특정인을 "교리"의 잣대
로 논증한다는 것은 잘못된 일이다. 교리가 말씀(道成肉身
곧 말씀이 육신이 되어, 하나님의 검)과 성령을 판단하는 결과를
가져오기 때문이다. 각 개인이 "성령과 말씀" 앞에서 심령
을 감찰 받는 것이 정도이다.

③ 성도들은 양을 치는 목자요 제자의 사명을 받았는데 이 사
명을 방해하는 제도가 큰 교회당을 지어 헌금으로 운영하
는 조직이다. 성도는 조직원이 아니라 성령의 "칭의"와 인
치심(Sacramentology)으로 반복되는 "성령 안에서"로 성화되
어야 하는 것이다.

> 곧 성령을 소멸치 말며, 하나님의 성령을 근심하게 하지
> 말라(grieve not) 그 안에서 너희가 구속의 날까지 인치심
> 을 받았느니라(엡 4:30).

16세기 스페인의 사제였던 아빌라의 테레사는 교회와 세상
에는 하나님의 구체적인 계시와 임재함이 필요하다고 하였다
(Alister E. McGrath, 『기독교 신학』[*Christian Theology*]).

<u>우리 한국 교단이 미래의 과제로서 시급한 작업은 한국적인</u>

신학의 뿌리를 재정비하는 중요한 사업이다.

가톨릭의 1868년의 제1차 공의회와 1965년의 제2차 공의회는 어떠한 차이가 있는가?

제1차 공의회는 가톨릭을 사제와 회중이라는 두 계급과 조직으로 보았다. 그러나 20세기의 가톨릭의 신학자들은 이 모델이 잘못된 것임을 지적하였다. 그래서 제2차 공의회는 "신자의 신학"(a theology of the laity)이라는 개념을 주입하였고 은사주의 운동을 포용하면서, 교파를 초월하는 에큐메니즘과 복음주의를 향한 신학을 재정비하였다(『기독교 신학』, 494).

삼위일체의 모델인 역사를 통하여 나타나시는 하나님인 "경륜적 삼위일체"(economic trinity)와 "내재적 삼위일체"(immanent trinity)를 발전시킨 신학자 칼 라너(Karl Rahner)의 공헌을 무시할 수 없다. 이와 같이 한국 교단이 **한국 교회에 역사하는 성령의 실체를 신학화하는 과정이 급한 필수적 과제이다**. 이러한 작업은 한국 교회의 새로운 부흥과 목표와 방향을 제시하는 성령의 인도이다. 경건의 모양은 있으나 경건의 능력은 부인하니 이같은 자들에게서 내가 돌아서라(딤후 3:5)는 말씀에 따라서 "말세에 내 영으로 모든 육체에게 부어 주리니 … 예언할 것이요 … 환상을 보고 … 꿈을 꾸리라"(행 2:17)가 관건이다.

위와 같이 세계 속에 역사하는 성령과 이에 대적하는 적그리스도의 영을 분별하는 영분별은 우리의 삶의 방향을 좌우하게 되는 것이다. 예기치 않는 찰나에(중국어 "차나") 아모스 7장의 불의 징벌, 성소의 파괴, 자녀의 칼, 죽음이 들이닥친다. 역사상 최악의 경제몰락으로 백성이 굶어 죽는다.

> … 네 촛대를 그 자리에서 옮기리라(계 2:5).

성령이 이 땅의 성소에서 떠난 지가 벌써 20-30년이다. 우리는 양(세상)을 치라고 부름을 받았으나 적그리스도 영과 더불어 하나님의 일곱 영이 세상에 가득한 환난의 시대이다.

> 영을 다 믿지 말고 오직 영들이 하나님께 속하였나 시험하라 많은 거짓 선지자가 세상에 나왔음이라(요일 4:1).

영의 뿌리를 잘못 집으면 황천길로 가는 생사의 문제가 걸려 있다. 자신부터 시작하여 하나 하나 영을 시험해야 한다. 현재 거의 모두의 성직자들 조차도 자신이 적그리스도 영의 뿌리를 가진 것을 깨닫지 못하고 있다.

한편 로마의 후신인 유럽연합은 말세의 결전으로 나가고 있다. 10년 가까이 가톨릭 등 종교계와 보수적인 정치권의 반대에 부딪혀 번번이 입법이 좌절됐던 동성애 법안이 최종 통과됨으로써 이탈리아는 유럽연합(EU) 회원국 27개국 가운데 마지막으로 동성 간 결합을 허용하는 국가에 합류했다. 이탈리아는 그동안 서유럽에서 유일하게 동성 결합을 법적으로 불허해 유럽연합(EU)으로부터 인권에 관한 EU협약에 위배된다는 지적과 함께 입법 압력을 받아왔다. 이제 로마의 후신으로 유럽연합은 적그리스도의 정체가 밖으로 드러나고 있다.

사탄의 역사는 일곱 왕을 지나면서 적그리스도가 등장하게 된다. 곧 다섯 왕은 망하였고(이집트, 앗수르, 바벨론, 페르시아, 그리스), 지금 있는 왕은 로마와 세상 임금들, 그리고 아직 이르지 않은 왕 즉 짐승의 단일정부이다(계 17:10).

작금의 세계 경제는 회복의 길로 들어선 것이 아니라 다시는 돌아올 수 없는 몰락으로 향하고 있다. 마이너스 금리에서 벗어나지 못하는 경제 몰락을 준비해야 한다. 그때에야 비로소 그 짐승의 수, 그것은 사람의 수니 그의 수는 육백육십육이니라(계 13:18)를 마주치게 된다. 그러므로 여호와의 날의 핵심으로서 "하나님의 비밀"의 중심에는 성도의 휴거를 예상하게 된다.

"일곱 째 천사가 … 그의 나팔을 불려고 할 때에 … 복음과 같이 하나님의 그 비밀이 이루어지리라"(계 10:7)로서 대환난과 적그리스도인 짐승의 사망의 권세가 임하기 전에, 마태복음 24:31은 저가 큰 나팔 소리와 함께 천사들을 보내리니, 저희가 그의 택하신 자들을 하늘 이 끝에서 저 끝까지 사방에서 모으리라 기록하고 있다.

## 제2장
# 영으로 본 한국사

　127년 만에 '로티 문(중국 선교사) 기념 선교 헌금'이 올해 1억 6천 5백만 달러를 기록하였다. 이는 미국침례회 4만 5천 교회의 부단없는 개혁과 주를 따르는 진정과 각고의 결과였다. 이러한 개혁의 주류 부분은 700만 부를 기록한 『하나님을 경험하는 삶』(*Experiencing God*)의 영의 개혁을 꼽을 수 있다. 공동 저자인 20여 년 전에 만난 블랙가비(Henry Blackgaby)와 클라우드(Claude King) 중 클라우드가 최근 중국 남도시를 방문하여 "하경삶"을 가르쳤다.

　6월 초 역시 블랙가비 사역의 밥(Bob)의 미국 신학교 중국 분교 강의 후 불과 이틀 후인 것이다. 곧 하나님의 일곱 영이 강림하시는 열린 계시록의 실체가 미국에서 중국으로 열매를 맺음을 시사하는 것이다. 특히 미국침례회 중국 분교들은 매년 100-200명의 사역자를 졸업시킨다.

교회사의 마지막 시기에 등장하는 두 감람나무와 두 증인은 동방의 군대로서 중국과 한국을 연상시키고 있다. 한국은 세계 영적 전쟁의 핵의 중심이기 때문이다. 치료와 회복을 위하여 성령이 찾고 있는 영의 현주소 한국사의 미래를 전망한다.

침례회 사가인 캐롤(J. M Carroll) 박사의 『피흘린 순교의 발자취』(*The Traits of Blood*, "In 1160 a company of Paulicians [Baptists] entered Oxford. Henry II ordered them to be branded on the forehead with hot irons….")는 66쇄된 책으로 이 책은 가톨릭에 의하여 핍박을 받은 자들이 헨리 2세에 의하여 이마에 십자가를 지지고 영국의 거리에서 굶어 죽는 모습을 묘사하고 있다. 바로 이 시기 1160년경에 이러한 침례회 성도들이 중국의 서역에까지 나타난 것을 역사는 기록하고 있다. 사탄의 피의 발자취는 동양의 용과 흑암으로, 서양에서는 적그리스도인 가톨릭으로 전세계를 죽음으로 풍미하였다.

> 또 여러 형제가 어린 양의 피와 자기의 증거하는 말을 인하여 사탄을 이기었으니 그들은 죽기까지 자기 생명을 아끼지 아니하였도다(계 12:11).

캐롤은 『피흘린 순교의 발자취』에서 1,200년간(A.D. 426-1700년) 주로 "유아 세례"를 반대하는 재침례회를 중심으로 개신교도

5,000만 명이 가톨릭의 핍박으로 순교한 것처럼, 현재 회중교회(청교도)와 장로교가 가톨릭의 딸들이요 핍박의 대리자라는 증언이다. 이렇게 예루살렘으로부터 시작된 교회 시대 6,000년은 이스라엘 12지파의 승리없는 종말로 막을 내리고 말았다. 그러나 그 복음의 씨는 한국이라는 작은 반도에 누룩으로 떨어지게 되었다.

한국의 아마겟돈은 사탄과 충성된 증인과의 영적인 전쟁을 칭하는 것이다. 곧 하나님의 나라가 사탄을 이기는 14만 4천의 새역사가 성취되기 때문이다. 바로 이 땅에서 동방의 히브리 후손으로 "시온산" 새로운 고인돌교회가 탄생하는 것이다.

> 진노의 포도주를 먹이던 자들, 거짓 선지자들의 음행이 큰 성 바벨론과 함께 무너지는 시간이 온 것이다. 예수의 믿음을 지키는 자는 낫을 휘두르매 곡식으로 거두어지고, 땅의 포도는 하나님의 진노의 큰 포도주 틀에 던지매 성 밖에서 그 틀이 밟히고 피가 나서 말 굴레까지 닿았고 200마일에 퍼졌더라(계 14:14-20).

바로 이 땅에서 일어나는 피의 전쟁이다.

## 1. 동방의 히브리 민족

1950년대에 아일랜드에서 뉴욕으로 건너온 이민자들의 생활을 묘사한 소설가 콤 토이빈(Colm Toibin)의 베스트셀러 소설을 대본으로 한 영화 "브루클린"이 있다. 주인공 엘리스(Eilis)는 브루클린(Brooklyn)의 아일랜드 술집(Irish pub)에서 한 노인이 고향의 노래인 "아리랑"을 부르는 것을 들으며 상념에 잠긴다.

'아리랑을 아일랜드에서?'

또한 그 곳에서는 히브리 원어를 아직도 쓰고 있는 곳이 있다고 한다. 한국인은 셈의 셋째 아들 아르박삿의 손자 에벨의 둘째 아들 욕단(Joktan)의 후손이다(창 10:21-30). 따라서 히브리 민족은 에벨로부터 나온 두 가계 곧 벨렉과 욕단 계통을 잇는 자손이다. 즉 아시아 서쪽으로 간 벨렉의 후손은 서부 히브리 민족이요, 동양으로 간 욕단의 후손은 동부 히브리 민족이다. 아직도 남아있는 한국말과 히브리어의 같은 어원임을 보여준다. 발, 코, 머리, 아니, 해, 아들, 개, 네(히브리어: 발, 코악, 머라, 아인, 헤르, 아달야, 개엡, 네이) 등으로, 그러나 중국말은 (자오, 비즈, 토우, 부도이, 타이양, 얼즈, 고우, 또이)로 전혀 다른 말이 된다.

홍수 후인 B.C. 2348년에 접근하는 욕단(約坍)의 "단"을 단군으로 보는 것이 정확하다. 대홍수 이후의 사람들은 아라랏 산지를 떠나 먼저 동쪽으로 이동하였는데, 욕단지파는 알타이 산맥에 이르렀고 그 후손은 계속 동진하면서 몽고와 만주를 지나 한반도에 이르러 드디어 고조선의 수도인 평양에 자리하였다. 이스라엘 민족은 동양계로서 키가 작고 검은 머리에 황색인종인 한국인의 조상이며(민 13:32-33), 언어나 인종으로도 욕단지파의 후손임이 증명된다.

2005년 10월에 발굴한 강원도의 원주 지역과 충청도의 충주 지역의 고인돌 유적지에서 백인계통 영국인 추정 DNA의 유골이 나왔다. 이것은 이 히브리 사람들이 3,000년 전에 이곳(남한강 주변)에서 주인 노릇을 하면서 지배 계층으로 살았다는 증거인데, 세계적으로 10만 개 중, 한반도에는 약 7만 개의 고인돌이 있다. 이 숫자는 전 세계 고인돌의 과반수 이상에 해당하는 숫자이다.

왜 고인돌(Dolmen, B.C. 4000-3000년)이 한반도에 유난히 많이 남아 있는 것일까?

이들은 어디에서 온 것일까?

우리의 조상인 단군과 고조선이 중국과 동방을 통치한 증거이다.

공자의 7대손인 공빈이 쓴 『동이열전』의 기록이다.

> 동방에 오래된 나라가 있는데 이름을 동이라 한다. 신인
> (하늘에서 내려온) 단군이 계셨는데 구이의 추대를 받아 임

금이 되셨다(東夷列傳: 東方有古國 名曰東夷 星分箕尾 地接鮮白 始有神人 檀君 遂應九夷之推戴而爲君).

실제 중국인, 하화족(夏華族)들은 하·은·주와 춘추전국 시대 때까지 지금의 황하변 하남성 일대에서 조그맣게 자리 잡고 있었기 때문에 중국이라 불린 것으로, 중국(中國)이란 명칭도 동이(東夷)사람 유위자 선생이 지어 준 것이다.

중국의 동쪽에 있던 동이(東夷)는 발해와 산동성을 말하는 것이며, 서융(西戎)은 섬서성 서안 서쪽 감숙성과 청해성, 남만(南蠻)은 황하와 양자강 사이에 있는 회수(淮水) 이남, 북적(北狄)은 황하 이북인 산서성에 둘러싸인 영토를 말하는 것이다. 동이, 서융, 남만, 북적(고기를 구워먹는 종족)은 단군의 후예이다.

그 당시 환인, 그의 아들 환웅과 단군의 시대적 배경을 분석해 본다.

인류의 어머니 마고(麻姑)로부터 궁희, 황궁, 그리고 유인씨의 아들 환인(안파견, B.C. 7199-3897년)은 천산(天山: 파미르[pamir] 산-에덴동산)에서 得道(득도)하여 수명이 무량하고, 만물을 낳는 권능을 갖고 있었다. 환인은 몸에서 빛이 나오고 항상 기(氣)를 타고 하늘을 거닐며 즐거워했다. 환인은 모습이 없는 것도 볼 수 있는 혜안이 있었고, 그 후 연대기는 아래와 같다.

- B.C. 3898-B.C. 2333년: 환웅(桓雄) 임금님들이 나라를 다스리던 배달국(倍達國) 시대.
- B.C. 2333-B.C. 238년: 단군(檀君) 임금님들이 나라를 다스리던 고조선(古朝鮮) 시대.

위의 연대기에 보듯이 단군에 의하여 B.C. 2333년 고조선(古朝鮮)이 건국되었다. 시대적으로 보면 고조선 시대에 고인돌을 만들었고, 영국에 있는 스톤헨지(Stonehenge)는 B.C. 3000년부터 B.C. 2500년경에 만들어진 것으로 고조선과 같은 시기이다. 곧 알이랑(하나님과 함께)이라는 찬송을 부르던 흔적이다. B.C. 3000년경 청동기가 시작되면서 고인돌이 만들어 지기 시작하였고, 고조선이(B.C. 2333-B.C. 108년) 멸망하면서 고인돌은 더 이상 만들어지지 않았나.

### 2. 잃어버린 대한제국

고인돌의 뚜껑돌 위에 북두칠성이 새겨져 있었다는 것은 우리민족은 이미 B.C. 3000년 이전부터 별자리을 관측하고 특히 북두칠성(北斗七星)을 신성시했다는 증거이다.

따라서 수천 년 동안 만주와 중국 북부는 동이족의 영도로서 고조선 시대부터 고구려 시대까지 이어내려오며, 중국의 황하문명보다 훨씬 앞서고 고도화된 것이다. 중국의 흙무덤이 아닌 12층 석단으로 만들어진 장군총과 고구려 환도산성(丸都山城)의 피라미드 군락은 길림성 집안(吉林省, 集安)에 있으며, 제1단군릉은 9층 계단식 돌각담 무덤으로 평양에 위치한다.

만주 북서부의 내몽골 피라미드는 『한단고기』에 나오는 고대 한국으로 5천 년 이전으로 추적된다. 하우스 돌프(Hartwig Hausdorf)의 저서 『하얀 피라미드』(Die Weisse Pyramide)에 나오는 피라미드는 샨시(Shaanxi)성 서안 남서쪽 60km인 Qinling-shan 산악지대에 있는데 300m가 넘고 이집트보다 2천 년 앞서며, 중국과 전세계를 통하여 제일 큰 피라미드이다.

서안 동남쪽 15 앙소문화지역 피라미드군과 오리온좌 모형과 대형피라미드가 있다. 서안의 20북쪽인 함양 지역에는 100여 개의 작은 피라미드군이 많다. 북중국의 계단식 모형으로 위로 갈수록 좁아지는 모형은 중국이나 일본에서는 찾아볼 수 없으며 만주와 한반도에 널려있는 고구려 무덤과 똑같은 형태이다.

그런데 중국 역사의 대기원의 사건이 발생한다. 곧 동이족 출신인 주문왕(B.C. 1152-1056년)과 강태공이 하남성을 근거로 중국 제국을 건설하였다는 사실이다. 이어서 B.C. 221년 전국 시대를 통일한 진시황의 중국 통일로 인하여 중국인(夏華族, 漢族)이 동진한 결과 동이족은 중국 중원 밖의 사방으로 흩어져 56개 소수민족으로 전락하였고 중국민족의 시대가 펼쳐지게 되었다.

특히 운남성의 묘족(苗族)이 동이족 배달국의 치우천왕 환웅(蚩尤天王: 제14세 慈烏支桓雄)의 직계 후손이라는 것이 여러 사서에 기록되고 있다. 치우(蚩尤)의 후손인 강태공(B.C. 1100년)은 창성시조이신 신농황제의 16세손인 백이씨 시조의 35세손이다. 강태공은 주나라 문왕, 무왕의 스승 곧 태사(太師)가 되어 부국강병을 하였고, 무왕을 도와 은나라를 멸하고 주나라를 세우는 데 개국 일등공신이 되었다. 그 공으로 제나라 왕에 봉해졌으며 제나라의 수도는 영구(營丘: 현 산동성 치박시임치)였다.

이후 제나라는 강태공의 후손들에 의해 32대 근 800여 년을 존속하였으며, 제나라가 가장 흥한 시기는 제 환공 강소백(姜小白) 시기로 강소백은 춘추 시대 첫 번째 패자가 되기도 하여 강태공의 얼을 이었다고 한다. 오늘날 강태공의 자손 수는 헤아릴 수 없이 많으며 70여 개 이상의 성씨가 분파되었다고 한다. 강태공의 정치와 군사 전략은 그의 『육도삼략』(六韜三略)에 기록되어 있다.

우리가 사역하는 현지인 동역자들의 70% 가량이 하남성 출신이며 기독교 지도자들은 탁월하며 지도력이 강하고 돌파력이 있어 우리 민족과 상이점이 많다. 한편 강태공은 곤륜산에서 40년을 수행한 영적인 고수로서 팔신(八神)의 신교문화를 가르친 귀신들을 잘 다루는 은사자이다.

어느 동네에 집을 완성하여 지붕을 씌우기만 하면 지붕에 불이 붙었다. 강태공이 와 보고 지붕에 달려든 귀신들을 쫓아내어 사건이 해결되었다고 한다. 강태공과 주나라 문왕계가 단군의 후예로서 동방의 히브리계로 본다.

이 단계에서 우리는 매우 중요한 우리 민족의 실체와 자아상을 분석하여 선포한다. 그것은 필자가 『능력을 넘어서』에서 피력한 중국의 영성이다.

> Shang Di(上帝) 하나님의 신앙으로서, 하(夏)나라(B.C. 2205-1766년) 이전인 B.C. 2600년에 시작하여 상(商)나라를 거쳐 주나라(B.C. 1122-770년) 말기의 전국 시대 전까지(B.C. 453-221년) 2천 년이 넘는 기간이다.

이 시기는 단군민족이 중국을 지배하던 시기로서 중국의 진(秦, B.C. 221년)나라가 통일을 이루기 전의 역사이다. 다시 말하면 하나님의 신앙은 중국인이 아닌 한국 고조선의(B.C. 2333-B.C. 238년) 신앙이라는 논설이다. 바로 세계가 주목하고 있는 수많은 고인돌의 시대에 들어맞는 정체가 이것을 말해주는 것이다. 이러한 사실은 단군의 일파인 주나라 무왕과 강태공이 함께 상(商)나라를 치기 위하여 성에 도착했을 때에 그 성의 백성들이 하늘을 바라보고 기도하고 있었다는 기사가 있다(장홍매·상연빈, 『중국고

대신화와 전설』, 북경연산출판사, 2002).

곧 고인돌은 하나님의 신앙에 따른 민족의 기념물이라는 해석이다. 진나라와 오랑케에게 빼앗긴 신앙과 함께 대한제국은 반도에 걸려 겨우 생존을 유지하였다. 그러나 우리는 7만 개의 고인돌에 모여 하나님을 섬기던 제사장 부족들의 기도와 노래를 가히 상상하게 되는 것이다.

동방의 히브리의 이동 경로는 터키의 아라랏(방주가 닿은곳) 동쪽이며 알메니아의 북쪽인 코카서스(Caucasus, 여기서 백인 코케시언이 나옴)에도 3천 개의 고인돌이 있다고 한다.

이는 적어도 홍수 후에 온 민족이 함께 살던 코카서스와 그 동쪽으로의 이동과 더불어, B.C. 721년 북왕국 유다의 포로와 B.C. 586년 남왕국 이스라엘의 멸망 등, 8세기 전부터 시작하여 3-4차례에 걸쳐 힐라, 고신, 히블을 비롯 메대의 여러 성읍까지로 히브리와 유대인의 동방으로의 이동이 있었을 것으로 추정한다(왕하 18:9-12, 앗수르).

유석근 목사는 그의 저서 『알이랑 민족』에서 다음과 같이 말하고 있다.

> 아리랑은 우리 겨레의 직계조상인 셈의 현손(玄孫) 욕단의 가계(창 10:21-30)가 대홍수 후 광명의 본원지를 찾아 동방으로 천동(遷動)할 때 파미르고원에서 천산산맥으로,

천산산맥에서 알타이산맥을 넘어오면서 불렀던 찬송가였다. "알이랑"의 "알"은 성경의 "엘"(EL)과 동의어로서 "하느님"(하나님)을 뜻하는 말이다. "이랑"은 "~와 함께"라는 토씨로서 영어의 "With"이다. 즉, "알이랑"은 하느님과 함께(With God)라는 말이다.

이것이 영국에서 평양까지 이른 고인돌교회의 유전자이다.

그러나 1860년 청국은 러시아에게 연해주를 조선과 동의없이 불법으로 양도했으며, 간도는 한국의 외교권을 침탈한 일본이 1909년 간도협약을 청국과 체결하고 불법으로 양도하였다(중일 양국은 1941년 12월 이전에 체결한 모든 조약 협약 및 협정을 무효로 한다고 명시했기 때문에 1909년에 체결한 간도협약 역시 무효이다).

아버지의 고향 간도에도 봄은 오려나
장백의 영이 흘러 송화강
말달리던 선구자가 쓰러진
천년의 한어려 백두산 산과 하
언젠가 꽃이피면 가하리
아버지의 옛 고향 대한제국

### 3. 70년의 북한 비벨론 포로

　**북한의** 때와 시기가 있으며 이를 알라고 하시는 하나님의 말씀이다.

　나라와 지도자가 변하지 못하며 개인과 사회가 개선되지 못하는 이유는 무엇인가?

　무엇을 믿는다고 해도 성격과 품성은 변하지 않는 것인가?

　오직 진리만이 무엇이든 변화를 줄 수 있다. 진리의 영이 오면 변하지 않고 못배기게 되어있다. 진리는 인간의 전부를 깨뜨리므로 같은 모습으로 돌아갈 수 없는 것이, 그것은 유리병을 땅에 던져 깨는 효과를 나타내기 때문이다. 다시 붙여 쓰는 상황이 아니라 새로 구워내야 하는 것이다. 아무리 따르고 배워도 되지 않고 바다로 나가던 예수의 세자들은 성령이 가자에게 임하자 보이지 않는 불성령에 전신이 불에 타 사고와 내성은 성령에 취하게 되었다. 전신 변화이자 이제는 자기의 뜻대로 마음대로 살고자 해도 되지 않는 상태를 말하는 것이다.

　이렇게 북한은 1945년 이후 70년이 지나 2015년까지 바벨론 포로와 같은 정황에 이르렀다. 남한은 북한을 구하지 못하였고 회개에 합당한 시간이 지났으므로 하늘의 심판을 받게 되었다. 잘못된 복음과 하나님의 뜻을 거역하고 불순종한 결과이다.

　왜 안되었는지, 무엇이 잘못되었는지 아래에 기술한다.

나라와 세계열방에 적용하는 이치이기도 하며, 그러므로 제자들은 성령의 세례를 받은 이후에는 반드시 새로운 변신의 단계를 진리로 확인하였다. 곧 성령 안에서 새 사람을 말하는 마음의 할례요, 중생을 일컫는 것이다.

그리하여 남과북의 역사의 사건을 좌우하는 천국 복음은 다음의 세 단계를 거치게 된다.

첫째, 예수의 십자가 대속은 완전한 속죄를 이루었다. 그리고 우리는 어린 양의 보혈의 생명책에 기록된다.

> … 성경대로 그리스도께서 우리 죄를 위하여 죽으시고 다시 살아나사(고전 15:3-4).

둘째, 성령의 강림으로 인간은 옳은 행실과 성령의 열매를 맺는다.

> 또 다른 생명책이 펴졌으니 곧 생명책이라 죽은 자들이 자기 행위를 따라 책들에 기록된 대로 심판을 받으니 … 사망과 음부도 불못에 던져지니 이것은 둘째 사망 곧 불못이라 누구든지 생명책에 기록되지 못한 자는 불못에 던져지리라(계 20:12-15).

> 어린 양의 혼인에 … 빛나고 깨끗한 세마포 옷은 성도들의 옳은 행실이로다(계 19:8).

옳은 행실은 하나님과 이웃을 사랑하는 일이다. 복음의 실천인 십계명의 제9계명은 "네 이웃에 대하여 거짓 증거하지 말라," 제10계명은 "네 이웃의 집을 탐내지 말라"로 이를 행하여 "거룩하게 지키라"고 말한다. 진리가 무엇인지, 한 번 구원을 받으면 영생을 얻는 줄 잘못 깨닫고 있다는 점이다.

셋째, 예수 안에서 흠이 없는 자요, 그러므로 구원은 받았다가 잃는 것이 아니라, 성령의 말씀을 듣고(계 14:13 "성령이 이르시되…") 이루어 완성하는 것이다.

> 하나님의 심판의 시간이 이르렀으니 … 속량함을 받아 <u>처음 익은 열매로 하나님과 어린 양에게 속한 자들이니 그 입에 거짓말이 없고 흠이 없는 자들</u>이더라(계 14:4-7).

현재 우리는 북한을 위주로 역사하시는 하나님께서 인도하시는 상황을 분석해 본다.

1990년대 홍정길, 고인호, 이동원 목사 등과의 중국 방문에서 우리는 북경대학에 유학을 왔던 200여 명의 북한 유학생에게 호텔에서 복음을 전한 기억이 떠오른다. 2004년에는 중국 광주의 기남대학에서 유학하던 북한 유학생이 졸업 후 1년 만에 중국 시민권을 받는 것을 보았다.

매우 유의할 중국과 북한의 관계이다. 중국을 섬기는 자로서는 매우 바람직한 사실이지만 역사적으로 나라를 빼앗기는 전례가 많다. 남한이 북한 사람에게 시민권을 주지 않지만 중국은 북한과 형제 국가라는 점이다. 남한의 전략적 인재 양성 및 보이지 않는 누룩작전이 요구된다.

또한 북한과 중국의 장마당교역도 무시하지 못한다. 이러한 관점에서 북한의 수만 명의 유학생과 수십만 명의 중국 교류를 예상한다. 도문 사역에 헌신하는 한국과 중국 전도자의 소식도 있지만 근래에 중국 사역자가 북한에 의해 살해되었다는 사건이 있다. 나진 사역도 1990년대 말부터 성공하고 있으며 미국인이 매년 100여 명 방문하고 있다. 요점은 연변과학기술대학교의 졸업생들이 남중국에서 우리를 돕고 있다는 현상이다. 그러므로 평양과학기술대학교가 통일의 새로운 차세대 지도자 전략이라는 결론이다.

이제 평양과학기술대학교는 하나님이 예비하시는 경의롭고 새로운 지도 체제로 진입하고 있다. 이 학생들은 대부분 해외 유학을 다녀오는 프로그램에 연결된다. 영적인 교통이 원활한 새 세대이며 북한을 이끌 원동력이다. 이 학생들이 기숙사에서 먹는 밥과 반찬 한 그릇에 정성으로 섬기며 남한이 진력하여 투자

할 분야라는 점이다. 지금 한국 교회들이 외면하고 있는 이 사역이야말로 복음과 더불어 영적인 혁명이 전개될 것을 의심치 아니한다.

시급한 통일 한국의 과제는 두 가지로 대두한다.

첫째, 남한과 북한의 30대로서 다음 세대를 양성하여 하나님의 때를 기다리는 일이다.

둘째, 대만이나 홍콩 같은 1국 2제의 통일국가이다.

하나님의 뜻은 종말이 오기까지 북한에 복음을 뿌리는 원칙이 있다. 그러나 동시에 우리는 남과 북이란 나라의 두 주권을 주시해야 한다. 1997년과 최근에 홍콩인들의 15% 정도가 캐나다, 호주, 대만으로 이민을 떠나고 있다. 홍콩이 중국에 흡수 합병되는 과정에서 홍콩 출판인 5명이 시간을 두고 하나씩 홍콩에서 잡혀 중국에 감금되었기 때문이다(그 중 한 사람은 8개월 만에 풀렸다). 그뿐만 아니라 중국은 매일 150명의 이민자를 홍콩으로 이민시키고 있다. 이리하여 홍콩이란 나라는 사라지는 것이다. 홍콩은 1997년 영국이 떠나면서 불교의 날을 만들었고 신공항을 낙성할 때에 정부는 돼지머리로 제사를 지냈다.

그래서 하늘은 홍콩을 버렸을까?

그러므로 한국은 조국을 지키는 목표가 최우선이다. 그러나 남한처럼 하나님을 떠나고 사회의 영적인 주체의 뿌리가 썩으면 돌이킬 수 없게 된다. 그러므로 남한보다는 북한의 30대의 영적인 새 주체를 기대하고 양성하는 것이다.

결과적으로 **남과 북의 전쟁은** 하나님을 부인하는 북과 성령을 거역하는 남한의 승패로 나타난다. 그러나 남과 북은 모두 죄악으로 물들어 있으니 양쪽에 피해와 재난이 극심하게 된다는 것은 누구나 부인하지 못할 것이다. 바리새인의 신앙으로 하나님을 아는 지식이 없으므로 많은 선량한 국민이 죽거나 상하게 된다.

말씀대로 이미 유다와 이스라엘의 전쟁에서 그 실례를 증언하여 준다. 즉 부패한 나라 이스라엘에 대한 하나님을 따르는 유다의 승리이다. 913년경에 "허무한 신들의 제사장이 된 … 여로보암의 금송아지 백성인 이스라엘의 군사 80만 중에서 50만 명은 유다자손의 아비야가 이끄는 40만 군사에 죽음을 당하고 엎드러졌다"(대하 13:9, 17).

궁극적인 승리와 심판의 결과는 그 나라와 국민의 영성에 달려 있음을 우리는 보게 된다. 사탄에게 넘어간 남한의 죄악은 당연히 징벌을 당하게 되며, 북한은 70년의 무신론에서 해방되어야 하는 절호의 시기를 맞고 있다는 사실이다. 주의 심판이 다가오면 우리는 주가 행하시는 그 섭리를 이해하게 될 것이다.

그렇다면 우리는 구체적으로 어떻게 할 것인가?

중국과 홍콩의 합병으로 가는 통일 곧 한 나라 두 제도이다. 전 국민적 교류를 향한 경제 문화적 통일을 말하는 것이다. 이러한 영적인 침노가 주의 지혜라고 본다. 피를 흘리고 싸워 이긴다는 것은 사탄의 모략이다. 초월적인 영의 누룩작전으로 생명나무의 실과를 맺는 일이다.

구세군의 창립자인 윌리엄 부스는 하나의 비전을 보았다.

곧 누가 응할 것인가?(Who cares? William Booth, and his wife Catherine founded The Salvation Army in 1865).

윌리엄은 성난 파도로 묘사된 세상에 빠져 죽는 수많은 사람들을 보게 되었다. 그런데 한때 세상에서 구원을 받은 많은 사람들은 각기 세상 일로 분주하였다. 예수님이 그들을 구하기 위하여 바다에 들어가 기진맥진한채 사람들에게 도움을 청하였다. 그러나 그들은 모임을 개최하고 기도회에서 기도는 하되 아무도 현장에 오려는 자는 없는 것이었다. 사람들은 주께서 친히 자신들을 보호하고 함께하실 것을 기도하고 있는 것이었다. 그리고 파도속에 빠진 수많은 사람들은 물에 빠져 죽는 것이었다.

이러한 충격에 윌리엄은 구원의 사역을 위하여 구세군을 창설하였다. 이렇게 먼저 구원받은 남한은 자신들의 신앙만 지키면서 북한의 영혼 구원은 응답하지 않는 엄한 죄를 범하고 있는 것이다. "최악에 처한 사람들에게 먼저 가라"(Go for souls - and go for the worst!)는 그의 좌우명이 우리의 귀를 때린다.

## 4. 백수와 백억 부자의 비결

지난 5월 제자 훈련의 세계적 선구자인 88세의 웨일런 무어(Waylon Moore)가 홍콩을 방문하였다. 그가 성공한 "영적인 배가법"은 맥스(Max Barnett, 오클라호마주립대의 학생 사역 디렉터)라는 청년 제자를 통하여 4대째 릭 워렌(Rick Warren, 『목적이 있는 삶』[The Purpose driven Life]의 저자)까지 이어졌다. 웨일런은 그의 책 『제자 배가법』[Multiplying Disciples] [Tampa: Missions Unlimited, 1981])에서 교회 부흥과 영적인 제자의 비밀을 제시하고 있다. 그는 토저(A. W. Tozer)를 인용하면서 예수와 함께 못박힌 삶을 세 가지로 제시하고 있다.

① 자신의 계획은 없는 자
② 오직 한 방향을 바라보는 자
③ 십자가에서 내려오지 않는 자의 비밀이라는 도전

자신의 계획을 떠나 주와 함께 십자가에 지금 달려 있는 자를 말하는 것이다. 이러한 가르침과 제자 양육이 아직도 미국의 사회와 교회를 지탱하는 뿌리가 되는 것이다. 그 선생에 그 제자는 80개국의 제자를 양성하였으며 지금도 30개 국가를 돌며 제자 양육과 훈련에 지치지 않는 열변을 토하고 있다현 시대는 중국, 한국, 일본 등 전 세계적으로 아이들을 많이 낳지 않는 현상을 보인다. 청년 백수는 홀로 자라면서 하나님을 떠난 몽매한 개인주의의 결과물이다. "하나님을 사랑하고 이웃을 사랑하라"는 하늘의 명을 거꾸로 살기 때문이다. 이러한 하나님과의 관계가 깨지고 사회가 타락하면 인간은 공의로운 품성을 잃고 마귀의 하수인으로 전락하는 "고려방자"가 출현하게 되는 것이다.

> 다윗이 또 문짝 못과 거멀못에 쓸 철을 한 없이 준비하고 또 심히 많아서 중수를 셀 수 없는 놋을 준비하고 … 너희 하나님 여호와께서 너희와 함께 하지 아니하시느냐 사면으로 너희에게 평강을 주지 아니하셨느냐 이 땅 거민을 내 손에 붙이사 이 땅으로 여호와와 그 백성 앞에 복종하게 하셨나니, 이제 너희는 마음과 정신을 진정하여 너희 하나님 여호와를 구하고 일어나서 여호와 하나님의 성소를 건축하고 여호와의 언약궤와 하나님의 거룩한 기구를 가져다가 여호와의 이름을 위하여 건축한 전에 드리게 하라 하였더라(대하 22:3, 18-19).

> 예루살렘을 위하여 평안을 구하라 예루살렘을 사랑하는 자는 형통하리로다(시 122:6).

시온과 예루살렘에는 주의 언약이 있다. 그뿐만 아니라 우리는 피의 새 언약을 받았다.

성령의 전으로 성결한 삶을 살고 있는가?

만약 당신의 산업이 피폐하다면 예루살렘이라는 의미를 모르거나 관심이 없기 때문은 아닐까?

인생의 미래와 산업의 승패는 간단한 비밀이 관건이다.

> 다른 신에게 예물을 드리는 자는 괴로움이 더할 것이라 …
> 여호와는 나의 산업과 나의 잔의 소득이시니 나의 분깃을
> 지키시나이다(시 16:4-5).

주가 나의 분깃을 지키지 않으면 흥해도 바로 망하게 된다는 이치이다.

만나의 비결을 포함하여 기도에서 성령으로 가되 우리의 청결한 믿음을 통과하는 연쇄과정이 영성의 원리이자 교회 부흥의 비결이다. 여기에서 청결한 믿음으로 행하는 관문에 모두가 막히고 있다. 곧 재물과 돈을 초월하는 경지에 부합해야 하기 때문이다.

아무리 가난하고 작은 교회라 할지라도 물질에 여념을 두면 앞길이 열리지 않는다는 것이다. 부지불식간에 자기도 모르게 손에 넣은 재산을 유의하여 점검해 보면 거의 모든 사람이 남

이 받을 재산을 허리에 차고 있는 구석을 발견하게 될 것이다. 이 작은 물질에 대한 청지기 노릇이 합당하지 못하여 탐심으로 갔다면 하나님의 관계가 끊어지고 영혼은 나락에 떨어지게 된다.

돈이 영적인 것일까?

이웃의 식물을 빼앗아 먹었다면 어떤가?

마음과 생각에 할례를 받지 못하는 결과를 가져오는 것이다. 평안과 사랑과 자비가 없으며 성령이 안주하지 않는 증거이다. 성결은 마음과 물질에도 가난한 자여야 하고 또 마음이 청결한 자만이 하나님을 볼 수 있는 것이다. 그리고 의를 위하여 사는 자가 천국을 가는 것이다(마5:8, 10).

한국 교회의 부흥은 구신세계 길 건너 미군 물건 장사가 일요일 문을 닫는 이북 피난민의 신앙이었다. 하나님과 재물을 겸하여 섬기지 않는 신앙이 1970-80년대의 교회 부흥을 일으킨 선배들의 믿음이었다. 8·15광복 이후 6·25전쟁 직전까지 월남한 이북사람은 그 추정치가 일정치 않으나 이인희 연구자는 대충 80만 명, 국방부전사편찬실에서 펴낸 『한국전란 3년사』에는 61만 8천 721명으로, 도합 140만 명이다. 그러나 비공식적으로 이북5도민회에서는 1959년 남한 정착 북한 사람이 5백만 명이라고 주장한다. 그것이 1천만 이산가족으로 부르게 된 것 같다.

우리 남영동교회에도 장로님이 아내를 이북에 두고 월남했으며 아들이 이비인후과를 경영하였는데 평생 재혼을 하지 않았다. 피난민의 42.4%가 서울, 20.4%가 경기, 11.4%가 경남, 8.8%가 강원도에 집중해 있다. 전남에는 황해도 피난민 1만 310명이 있었다. 그 중 약 70여 명의 감리교인들이 돌산읍 둔전리에 교회를 세웠다. 이어서 1952년 5월 24일 여수시내 동산동에 감리교회를 세운다. 이러한 신앙이 전국으로 확산한 한국 교회의 토대이고 전통이다.

로잔대회의 선교위원회 창립멤버이며 트리니티신학교의 선교학 교수인 로버트 콜만(Robert E. Coleman)은 『제자 훈련백서』 (The Master plan of Discipleship [Baker book house, 1987])라는 그의 저서에서 "2세기 전에는 목사와 평신도라는 개념이 없었다. 월급을 주고 목사와 교직원을 채용한다면 삶속에서 대위임명령을 실천하려는 제자들은 무엇을 할 것인가?"라는 질문을 던지고 있다.

큰 교회와 작은 그룹이 각각 해야할 사명을 논하는 것이다. 곧 교회사에 나타난 만인제사장의 사역이다. 이러한 초대 교회의 사역은 평신도 모라비안 선교와 24시간 7일의 기도, 그리고 그 후계인 아이합(IHOP)의 1천만 예배와 기도처 개척으로 이어진다. 여기에 반하여 이 땅은 피난민 세대가 지면서 세계 교회에 역사하시는 성령을 외면하는 배타적 권위의 패역을 택하였다.

곧 하늘이 내린 부유함으로 종피아의 교권의 탑을 쌓아올리는 몽매함의 망조이다. 이 땅의 가식된 영은 새끼 양같이 두 뿔을 가진 세상의 용을 속아 따랐다는 이야기(계 13:11)이다.

오늘 우리는 어떠한 새 계명의 경제생활을 해야 주 앞에 바로 서는 것인가?

주의 경제란 각 사람과 필요에 주의 이름으로 조달하는 주의 손과 공급을 바라보는 체제를 가르킨다. 그리고 주의 경제의 대상은 기관이나 교단이 아니라 고아, 과부, 예배자, 억눌린 자, 사도, 예언자, 복음의 일꾼인 레위인을 말한다(신 26:12-13). 곧 하나님이 돌보시는 약자들에게 성물을 직접 공급하라는 명령을 범하지 아니함을 말한다. 크고 아름다운 교회 건물은 바벨탑을 쌓고 섬김과 다를 바가 없으며 오히려 인재와 지도자 양성에 주력해야 할 것이다.

경제의 생과 사를 가르는 비결은 곧 하늘문의 창고이자 경제의 업보이다.

곧 어떤 사람을 만나서 무슨 사업을 결정하는가 하는 주의 경제의 영적인 요소를 말한다.

스티브 잡스의 아이폰을 제조하는 궈회장의 폭스콘은 4월 일본 가전 제조사 샤프를 3,890억 엔(약 3조 9,805억 원)에 인수하여 샤프의 지분 66%를 보유하게 된다. 일본 니혼TV에 따르면 폭스콘의 샤프 인수금액은 당초 4,890억 엔(약 5조 38억 원)보다 1,000억 엔 줄어든 수준이다. 이번 계약으로 창업 104년이 넘은 일본의 대표적 전자업체인 샤프는 매출액 15조엔(약 165조 원)대의 거대 대만 기업에 편입되었다. 19일 대만 온라인 매체인 나우뉴스 등에 따르면 궈 회장은 전날 신베이(新北)시 팍스콘 본사에서 열린 주주총회 과정에서 "나는 일본인을 매우 존중한다. 일본인은 절대 뒤에서 칼을 꽂지 않는다. 하지만 고려방자, 곧 가오리방쯔(高麗棒子,·중국인이 한국인을 말하는 비어)는 다르다"라고 말했다.

폭스콘은 중국 선전, 광둥(廣東), 청두(成都) 등에서 공장을 운영 중이며 고용된 노동자가 120만여 명이 넘는 세계 최대 규모의 전자제품 하청 생산업체이다. 또 한 가지 성공의 영적 요소는 사도행전 10장의 고넬료와 같은 인품으로 하나님 앞에 서는 태도이다. 고넬료는 항상 기도하는 의인이자 구제를 힘쓰는 자였다. 사람의 약점은 자기의 것에 손을 내미는 본성이다. 그러나 고넬료는 하늘에 상달하는 기도와 구제의 청결한 사람이란 점이다.

> 고넬료가 가로되 나흘 전 이맘때까지("I was fasting until this hour," "금식하는 중에," 킹제임스 번역) 내 집에서 제구시 기도를 하는데 홀연히 한 사람이 빛난 옷을 입고 내 앞에 서서 말하되 하나님이 네 기도를 들으시고 네 구제를 기억하셨으니(행 10:30-31).

이렇게 그의 온 집안은 베드로를 통하여 성령의 부으심과 방언을 말하게 된다.

세계적인 스마트폰 회사인 화웨이(華爲)는 돈이 아닌 이상(理想)을 중심에 뒀다. 중국 최대 스마트폰업체인 화웨이의 창업자 런정페이(任正非) 회장이 선전(深圳)에 있는 화웨이 본사에서 지난 5월에 한 말이다.

> 돈은 가장 중요한 게 아니며 우리의 이상은 바로 "삼강령"(중국이 6·25전쟁 중 최대의 승전이라고 자랑하는 철원 삼강령 전투[저격능선 전투]에서 따온 것)을 사수하는 것이다. 우리 동역자의 아버지가 이 전투에서 2천 명을 거느린 부대장이었다는 사실이 떠오른다.
> 왜냐하면 이익을 중시하지 않기 때문이다. 이상과 목표를 향해 분투할 뿐이다. 삼강령을 지키는 건 매우 어렵다. 많은 희생이 따른다. 상상을 하세되면 주주들이 증시에서 돈 버는데 신경을 쓰게 된다. 우리가 국제시장에서 왜 그렇게 좋은 공간을 유지하느냐고? 그건 우리 지식재산권을 위한 핵우산이 펼쳐졌기 때문이다. 수년간 우리는 아주 많은 지식재산권 사용료를 다른 기업에 줬다. 물론 우리도 많은 지재권 사용료를 받았다. 많은 회사들과 지재권 교차 사용 협약을 체결한 것은 타인을 존중하기 때문이다. 우리의 발전속도는 타인보다 빠르며 진입하는 영역도 더 깊고 세계의 발전을 신경 쓴다.

우리 도시의 이웃이며 목자들의 직장인 회웨이가 자신의 이익만 추구하지 않음을 잘 보여준다. "하나님의 강력(위력)"은 성결과 거룩에 기원한다. 온유와 자비로 비롯하며 견딤과 절제로 돌파하는 것이다. 왜냐하면 바로 이 때에 하나님의 기적과 성령의 나타나심이 역사하기 때문이다. 이 "강력"은 무엇이든지 모든 것에 적용이 되는데 그것은 영의 새 사람이란 속사람의 동기와 마음의 공식이 우선되어야 한다.

## 5. 한국의 국부 이승만

우리나라처럼 작고 남북이 분단된 나라가 경제의 기적을 이룬 것을 우리는 모두 이야기한다. 그러나 무엇이 어떻게 한국의 축복과 번영을 가져 왔는지 그 기적의 근원을 찾아본다.

> … 이제 저의 천명이 다하여감에 아버지께서 저에게 주셨던 사명을 감당치 못하겠나이다. 몸과 마음이 너무 늙어버렸습니다. 바라옵건대, 우리 민족이 굳세게 서서 국방에서나 경제에서나 다시는 종의 멍에를 메지 않게 하여 주시옵소서.

우리 민족을 위한 축복의 기도는 파란만장한 생을 마치는 순간까지 멈추지 않았다.

"갓 뎀, 승만 리."

고향으로 돌아가지 못하는 미 8군에 주둔한 병사들의 입에서 나온 말이다. 미군들은 고향에서 부모들이 그 주의 미국 신문을 보내주었다. 미국 국회와 정치는 이승만의 정치수에 잡혀서 미군들을 집으로 돌려보내지 못하고 있다는 기사를 읽은 연유이다.

어느 미국의 정치가도 이승만 박사의 지혜와 배짱을 적대할 만한 인물이 미국에는 없었다. 우선 학력이 미국 최고의 명문인 하버드대학교, 프린스턴대학교, 조지워싱턴대학교에서 공부했을 정도로 이러한 학력의 소지자는 당시 미국에도 드문 것이었다. 그리하여 모든 정책 대결에서 이승만은 청렴과 배짱으로 미국을 손바닥에 넣고 주물렀다. 아직까지 미군 수만 명이 이 땅에 머무는 초석을 마련했던 것이다.

모든 이승만의 일거수 일수족은 하나님 앞에서라는 신앙에서 결과하였다.

대통령 취임사에서도 그는 이렇게 말하였다.

> 여러 번 죽었던 이 몸이 하느님 은혜와 동포 애호로 지금까지 살아 있다가 오늘에 이와 같이 영광스러운 추대를 받는 나로서는 일변 감격한 마음과 일변 감당키 어려운 책임

을 지고 두려운 생각을 금하기 어렵습니다. … 이것은 다름 아니라 40년 전에 잃었던 나라를 다시 찾은 것이요 죽었던 민족이 다시 사는 것이 오늘 이어서 표명되는 까닭입니다. 오늘 대통령 선서하는 이 자리에 하느님과 동포 앞에서 나의 직책을 다하기로 한층 더 결심하며 맹서합니다. … 건설하는 데는 새로운 헌법과 새로운 정부가 다 필요하지마는 새 백성이 아니고는 결코 될 수 없는 것입니다. 부패한 백성으로 신성한 국가를 이루지 못하나니 이런 민족이 날로 새로운 정신과 새로운 행동으로 구습을 버리고 새 길을 찾아서 날로 분발 전진하여야 지난 40년 동안 잊어버린 세월을 다시 회복해서 세계문명국에 경쟁할 것이니 나의 사랑하는 3천만 남녀는 이날부터 더욱 분투 용진해서 날로 새로운 백성을 이룸으로써 새로운 국가를 만년반석 위에 세우기로 결심합시다.

대한민국 30년 7월 24일<br>대한민국 대통령 이승만

한국의 국부 이승만에 버금하는 것은 국모 프란체스카 여사이다. 1950년 6·25 전쟁 때 이스라엘은 약 17만 달러 상당의 의약품을 원조했다. 실제 6·25 전쟁 당시 미군이나 영국군 등의 일원으로 참전했던 유대인은 4천여 명에 달한다. 6·25 전쟁의 영

웅인 맥아더 장군이 유대인이었던 것처럼 오스트리아 태생의 유대인 프란체스카, 그녀처럼 하나님에 감동되고 또한 한국을 사랑하였던 인물은 이 나라에서는 찾을 수 없을 것이다.

1932년 2월 스위스, 국제 연맹 회의에 참석하는 세계 각국 사람들로 호텔 식당은 만원을 이루고 있었고 프란체스카 모녀가 앉은 4인용 식탁 빈자리로 이승만 박사가 합석하게 되었다. 한국의 독립을 호소하러 미국서 급히 날아와 국제연맹 방송, 각국 대표와 신문기자들과의 면담을 위해 동분서주하던 중이었다.

프란체스카가 다음날 한국의 독립을 주장하는 이승만의 전면 인터뷰 기사와 사진을 보고 이승만을 위해 스크랩해서 호텔 안내에 전하고 또 다른 신문에 난 기사도 잘라서 보내자 답례의 차 대접으로 발전했다. 이렇게 시작한 독립운동의 반려자는 1970년 5월 16일 박정희 대통령의 권유로 하와이에서 귀국, 20여 년간 이화장에서 생활하였다. "용서하고 잊으라"(Forgive and Forget)가 그녀의 생활원칙이었다.

외국에 머물지라도 한 푼이라도 조국인 한국을 위하여 쓰려고 조국을 마음에 담고 사는 국모라는 사실이다. 이승만이 미군 물자 하나라도 더 얻어 이 땅의 국민을 먹이려 했던 마음과 꼭 닮았다는 점이다. 독립운동을 위하여 하와이에서 숯을 구워 팔던 한국의 아버지, 이승만은 부정을 극히 싫어하였고 불의에는 극열이 반대하였다. 그러한 그가 늙어 "고려방자"의 잘못된 보좌에 희생이 되어 1960년 4월 26일 하야한 것이다.

"내가 우리 땅을 밟고 죽는 것이 소원인데 여기서 죽으면 어떻게 해."

상기된 눈에 눈물이 가득 맺혔다. 주치의의 조언을 받고 1962년 3월 17일 출발 준비를 마쳤는데 박정희 정부가 귀국을 만류한다는 전갈을 갖고 총영사가 나타난 것이다. 그 후 이 박사는 다시는 혼자서 일어나지 못했다. 1965년 6월 말에 병세가 위독하여 인수씨가 다시 왔고 7월 19일 0시 35분에 하와이에서 임종했다. 한국민이 지내온 눈물과 피의 역사를 고스란히 몸으로 막은 위대한 인물, 역사는 말없이 영으로 흐르는 것이다.

1965년 7월 23일 이승만 박사의 유해가 이화장에 마련되자 전국에서 추모객들이 몰려와 그 인파를 감당하지 못한 이화장 입구 길목의 담이 무너졌다. 병상에서도 "남북통일이 이뤄지기 전에는 눈울 감을 수가 없어" 하던 건국 대통령 이승만. 그를 애도하는 추모인의 물결이 이화장 담장을 무너뜨리듯 조국의 남북을 가로막는 휴전선의 담장도 자유를 감당하는 인민의 힘 앞에 무너져 자유민주통일의 소원이 어서 이루어지기를 하늘나라에서 기다릴 것이다.

이승만 박사는 아들 이인수 씨를 통해 우리 국민에게 다음과 같은 말을 남겼다.

잃었던 나라의 통일을 다시 찾는 일이 얼마나 어렵고 힘들 었는지 우리 국민은 알아야 하며 불행했던 과거사를 거울 삼아 다시는 어떤 종류의 것이든 노예의 멍에를 메지 않도 록 해야 한다. 이것이 내가 우리 민족에게 주는 유언이다.

**아버님은 식사 전 늘 이렇게 기도를 하셨어요.**

오늘도 일용할 양식을 주시고 살펴주셔서 감사합니다. 그 런데 제가 이제는 심신이 허약해서 하나님께서 주신 사명 을 감당할 수 없습니다. 이제 하나님이 우리 민족을 축복 해주소서.

이승만 전 대통령의 양자 이인수(84, 전 명지대 교수) 씨는 50여 년 전 일을 똑똑히 기억했다. 이씨는 1960년 11월 전주 이씨 대 종회에서 이 대통령의 양자로 선택된 후 모두 세 차례 하와이를 찾아 아버지를 모셨다. 1960년 12월 13일부터 이듬해 3월 17일, 1964년 1월 28일부터 4월 2일, 다시 1965년 7월 4일 마우나라 니요양병원으로 가서 7월 19일 임종을 지켰다. 이승만은 아들을 만나 한국의 근황을 물었다. 4·19 때 희생된 학생들에 대해서는 "학생들이 장하다"고 말하곤 했다.

"내가 맞을 총알을 그 아이들이 대신 맞았어"라고도 했다.

이 씨는 이 전 대통령이 생전에 남긴 유언을 소개했다. 신약 성경 갈라디아서 5:1 "그리스도께서 우리에게 자유를 주셨으니 굳게 서서 다시는 노예의 멍에를 메지 말라"는 내용이다.

"아버님은 '이 말이 내가 우리 민족에게 주는 유언이야. 반드시 자유를 지켜야 해'라고 하셨어요."

이 말은 하와이 한인기독교회 옆에 1985년 세운 이승만 동상에 새겨져 있다(이승만 建國대통령 서거 50주기 7월 18일, 조선닷컴).

역대상 28장은 다윗이 하나님이 거하실 예루살렘 성전을 세우듯 이승만 박사가 "하나님을 찾고" 한국을 세운 하나님 말씀의 성취임을 우리에게 증언하고 있다.

> 다윗이 이스라엘 모든 고관들 곧 각 지파의 어른과 왕을 섬기는 반장들과 천부장들과 백부장들과 및 왕과 왕자의 모든 소유와 가축의 감독과 내시와 장사와 모든 용사를 예루살렘으로 소집하고 이에 다윗 왕이 일어서서 이르되 나의 형제들, 나의 백성들아 내 말을 들으라 나는 여호와의 언약궤 곧 우리 하나님의 발판을 봉안할 성전을 건축할 마음이 있어서 건축할 재료를 준비하였으나 하나님이 내게 이르시되 너는 전쟁을 많이 한 사람이라 피를 많이 흘렸으니 내 이름을 위하여 성전을 건축하지 못하리라 하셨느니라 그러나 이스라엘 하나님 여호와께서 전에 나를 내 부친

의 온 집에서 택하여 영원히 이스라엘 왕이 되게 하셨나니 곧 하나님이 유다 지파를 택하사 머리를 삼으시고 유다의 가문에서 내 부친의 집을 택하시고 내 부친의 아들들 중에서 나를 기뻐하사 온 이스라엘의 왕을 삼으셨느니라 여호와께서 내게 여러 아들을 주시고 그 모든 아들 중에서 내 아들 솔로몬을 택하사 여호와의 나라 왕 위에 앉혀 이스라엘을 다스리게 하려 하실새 내게 이르시기를 네 아들 솔로몬 그가 내 성전을 건축하고 내 여러 뜰을 만들리니 이는 내가 그를 택하여 내 아들로 삼고 나는 그의 아버지가 될 것임이라 그가 만일 나의 계명과 법도를 힘써 준행하기를 오늘과 같이 하면 내가 그의 나라를 영원히 견고하게 하리라 하셨느니라 이제 너희는 온 이스라엘 곧 여호와의 회중이 보는 데에서와 우리 하나님이 들으시는 데에서 너희 하나님 여호와의 모든 계명을 구하여 지키기로 하라 그리하면 너희가 이 아름다운 땅을 누리고 너희 후손에게 끼쳐 영원한 기업이 되게 하리라 내 아들 솔로몬아 너는 네 아버지의 하나님을 알고 온전한 마음과 기쁜 뜻으로 섬길지어다 여호와께서는 모든 마음을 감찰하사 모든 의도를 아시나니 네가 만일 그를 찾으면 만날 것이요 만일 네가 그를 버리면 그가 너를 영원히 버리시리라 그런즉 이제 너는 삼갈지어다 여호와께서 너를 택하여 성전의 건물을 건축하게 하셨으니 힘써 행할지니라 하니라 다윗이 성전의 복도와 그 집들과 그 곳간과 다락과 골방과 속죄소의 설계도를 그의 아들 솔로몬에게 주고 …

다윗이 이르되 여호와의 손이 내게 임하여 이 모든 일의 설계를 그려 나에게 알려 주셨느니라 또 그의 아들 솔로몬에게 이르되 너는 강하고 담대하게 이 일을 행하라 두려워하지 말며 놀라지 말라 네가 여호와의 성전 공사의 모든 일을 마치기까지 여호와 하나님 나의 하나님이 너와 함께 계시사 네게서 떠나지 아니하시고 너를 버리지 아니하시리라 제사장과 레위 사람의 반이 있으니 하나님의 성전의 모든 공사를 도울 것이요 또 모든 공사에 유능한 기술자가 기쁜 마음으로 너와 함께 할 것이요 또 모든 지휘관과 백성이 온전히 네 명령 아래에 있으리라(대상 28:1-11, 19-21).

우리의 선배인 이승만은 감리교인 배재학당을 졸업하였다. 1899년 1월 9일 발생한 박영효 일파의 대한제국 고종 폐위 음모에 가담하였다는 혐의로 체포되어, 1904년 8월 9일 석방될 때까지 한성감옥에 투옥되었다. 이승만은 머리에는 칼을 쓰고 손에는 수갑을 차고 있어 성경 한 장을 읽고는 다음 장을 넘길 수 없었다.

이승만이 23세 되던 해이다. 이때부터 이승만은 감옥 안에서 전도자가 되었다. 그에게는 사람을 설득하는 능력이 있었다. 그는 감옥에서 40여 명의 개종자를 얻었다. 이승만은 그들과 함께 옥중에서 1902년 12월 28일부터 예배를 드리게 되었다. 그 모임을 복당(福堂)이라 부르며 서로를 복당동지(福堂同志)라 불렀다.

그때의 동지들 중에는 이승만, 신흥우, 이상재, 유성준, 이동녕, 이준 열사, 박용만 등 훗날 독립운동에 큰 역할을 담당하였던 쟁쟁한 인재들이 포함되어 있었다. 예배를 드리면서 지옥 같았던 감옥이 천당으로 변하였다. 1904년 7월 8일 이승만은 특별 사면령을 받고 석방되었다. 민영환, 한규설 등이 그의 사면을 위해 노력한 결과, 러일 전쟁이 발생하면서 그는 8월 9일 특사로 감옥을 나올 수 있었다.

민영환과 한규설을 만난 뒤 1904년 10월 15일 남대문의 상동교회 상동청년학원 교장직에 취임했으니 민영환(閔泳煥)이 밀서를 소지하고 미국으로 가기 위해 곧 사임하였다.

1907년에 조지워싱턴대학교에서 학사 학위(B. A.)를 받고, 하버드대학교에서 석사 학위(M. A.)를, 그리고 1910년에 프린스턴대학교에서 "미국의 영향을 받은 영세중립론"이라는 논문으로 박사 학위(Ph. D.)를 받았다. 해방 후 남한 단독정부 수립을 고집한 것이며, 반공포로 석방, 일본에 대한 완강한 반대 등은 그의 고집이 아니고는 불가능한 일이었다.

1917년 초반에 호놀룰루에 있던 30여 명의 한인이 "푸우누

이"에 있는 한인여자신학교에 모여 기도하기 시작했고, 대한민국 초대 대통령이신 이승만 박사의 지도로 헌신적인 이민 기독교 신자들이 나라를 일본에 빼앗기고 일자리를 찾아온 먼 이국 땅 하와이 호놀룰루에서 1918년 12월 23일 단독으로 평신도 교회인 한인기독교회를 설립하였다.

곧이어 1919년 민찬호 목사님을 모시고 한인기독교회가 창설되었다. 이들의 목표는 나라를 되찾을 소망을 갖고 기도하는 뜻있는 단체로서 교인 수가 증가함에 따라 "와이라라"에 있었던 한인기독교학원으로 장소를 옮겨야 했으며 "알리이오니"학교를 집회 장소로 사용한 적도 있었다. 그러던 중 드디어 "노스스쿨"에 현재의 한인양로원에 처음으로 교회 건물을 설립하였다.

그 후에도 교인 수가 계속 증가하면서 "노스스쿨"의 예배 처소가 협소해져 현재 위치인 "릴리아"에 대지를 구입하였으나 건물 세우는 일은 쉬운 일이 아니었다. 초기 이민자들은 대부분 파인애플 농장이나 사탕수수밭에서 장시간 육체적 노동을 하는 막노동자였으며, 자신들 밥상에조차도 풍족한 음식을 올려놓지 못할 정도로 임금도 작았다.

그러나 그들은 그렇게 힘들게 번 돈을 기꺼이 모아 내기 시작했다. 이들의 희생적인 헌금은 하나님의 역사를 통하여 드디어 1938년 4월 24일 교회 정면을 서울 경복궁 정문인 광화문 누각 모형으로 만들어 독립운동의 상징으로 삼으면서 한국 고유의 건축 양식을 겸비한 성전을 완공하여 헌당식을 올렸다. 이 건물이 오랜 풍상을 겪으며 많이 낡은 데다 지면 이동으로 구조상의 위험을 가져오게 되자 호놀룰루시에서 조치를 명하여 지난 1998년 12월 6일에 80주년을 축하하면서 만일 하나님의 뜻이 있으시면 교회 건물이 새로 세워지기를 기도하기 시작했다.

그리고 2000년 5월 28일에 새 성전 기공식 예배를 이어 건물이 7월 17일에 철거되고 2006년 6월 3일에 헌당 예배를 드렸다. 교단의 배경은 여러 해 동안 그리스도연합교회 하와이협회와 밀접한 유대를 지녀 왔으며 많은 협조를 받아 왔다. 특별히 1970년대에는 그리스도연합회(UCC)에서 여러 목사님을 추천하여 보내주었다. 1980년 10월에 본 교회 평신도 회의 가결로 한인기독교회가 그리스도연합교회에 가입하게 되었고 이로써 그리스도연합교회 하와이협회 역사상 한국인 교회로는 최초의 가입 교회가 되었다.

한인기독교회는 그리스도연합교회(UCC)에서 1999년 9월에 탈퇴하고, 지금은 처음 시작할 때처럼 독립된 교단으로 남아 있다. 현재 한인기독교회의 교인 구성은 한국인 조상을 둔 이민 1세, 2세, 또는 3세의 미국 시민과 최근 이민 온 한국인 가족, 국제결혼 가족, 미국계, 하와이계의 가족으로 이루어져 있다. 현재 교회를 섬겨주시는 담임 목사님은 20대 김사무엘 목사이며 주일 예배는 영어와 이중언어로 드리고 있다.

한인기독교회는 이 지역사회와 하와이주 그리고 나아가 전 세계에 하나님의 사랑을 전하는 데 힘쓰며 미국, 중국, 북한, 러시아, 인도, 네팔, 캄보디아 등 여러 지역에서 사역하고 있는

선교사들을 돕고 있으며 한인양로원과 하람한국교실을 운영하고 있다(1832 Liliha St. Honolulu, HI 96817, USA t.808-536-3538).


## 6. 박정희 대통령

6.25전쟁이 끝나고 한국의 재건을 위해 유엔에서 조사단을 보냈는데, 유엔한국위원회의 인도 대표 메논은 "한국 땅에서 경제 재건을 기대한다는 것은 마치 쓰레기통에서 장미가 피기를 바라는 것과 같다"고 하였다.

경제 재건 정책의 일환으로 국비유학생 제도가 마련되었고 백영훈 박사는 국비 장학생이 되어 독일어 사전도 없던 시절에 목숨을 걸고 공부하여 1959년 한국 1호 경제학 박사 학위를 받았다. 귀국하여 중앙대학교에서 부교수로 재직하던 중 병역기피자로 몰려 집에도 못 들어간 채로 논산에 끌려가 훈련을 받았다. 우리나라 병역기피자 1호였다. 신문, TV에서 경제학 박사 1호가 훈련 받는 모습을 촬영해 가기도 하였다. 석달간 훈련을 받고 있는데 중앙정보부에서 데리고 나가 지하실에서 장군들에게 열

흘간 집중 교육을 받았다. 그 안에서 1차 경제개발 5개년 계획이 탄생하였다.

　육군 이등병보 백영훈은 상공부장관 특별보좌관으로 발령을 받았다. 박 대통령은 미국의 존 케네디 대통령을 만나기 위해 태평양을 건너 백악관을 찾아 갔다가 빈 손으로 돌아와야 했다. 박 대통령은 생각 끝에 서독을 찾아가 경제 원조를 요청하기로 하였다. 정래혁 상공부 장관을 단장으로 하여 차관 교섭 사절단의 통역관으로 독일에 따라갔다. 서독 경제 장관 에르하르트를 만나야 하는데 미국이 미리 손을 쓴 까닭에 만나 주지 않았다. 훗날에 서독 대통령이 된 에르하르트는 백영훈 박사의 지도 교수와 동료였다. 백영훈 박사는 은사를 찾아가 장관 좀 만나게 해달라고 애원했지만 꼼짝도 하지 않았다. 일주일간 매일 사모님을 붙잡고 사정한 끝에 겨우 경세 장관을 민날 수 있었다.

　베스트리크 경제 차관은 독일 정부에서 3천만 달러 상업 차관을 해줄 터이니 은행에서 지급보증을 받아오라고 하였다. 재무부 장관이 홍콩, 런던까지 갔지만 지급보증을 해 주겠다는 은행은 없었다. 백영훈 박사는 20일 동안 무릎 꿇고 기도드렸다. 20일 되니까 기숙사에서 같이 공부했던 슈미트 독일 노동부장관이 찾아와 물었다.

　"너희 나라 길거리에 실업자가 많을텐데 5천 명을 독일 탄광에 보내줄 수 있느냐."

당시 독일은 병원을 막 짓고 있을 때였는데 간호사도 필요하다고 해서 2천 명을 보내주기로 하였다. 광부 5천 명을 뽑는데 4만 7천 명이 왔고, 간호사 2천 명 모집에 2만 7천 명이 지원하였다.

일본, 터키 등에서 온 외국 근로자들이 왔다가 도망간 지하 1천 미터 지열 40도가 넘는 탄광에서 우리나라 광부들이 석탄을 캤고, 한국 간호사들은 죽은 시체를 닦고, 화장실에 가서 환자들을 닦아주며 궂은 일을 했다. 1964년 서독에 국빈으로 방문한 박정희 대통령과 함께 백영훈 박사는 객지에서 고생하는 광부들을 만나러 루르지역 함보론 탄광으로 갔다. 그곳에는 5백여 명의 광부들과 색동저고리 차림의 간호사들이 기다리고 있었다.

애국가가 흘러 나오자 모든 사람들은 눈물바다가 되었다. 박 대통령은 연설문을 읽으려다 읽지 못하고 눈물을 흘렸다. 대통령의 연설에 "우리도 한 번 잘 살아보세"를 뼈저리게 느끼며 울었고, 육영수 여사도 한 사람 한 사람 껴안고 함께 울었다(한국산업개발연구원장, 백영훈 박사 강연 내용에서 발췌, 2016년 4월 30일).

1963년경 몇 달인가 확성기의 행진곡에 맞추어 행진 연습을 하던 기억이 떠오른다. 배재중학교 시절인데 얼굴이 새까맣게 탄 박정희 대통령이 사열대 앞에 나타난 것이다. 깡마른 분이 청년들과 학교에까지 관심을 보인 것을 생각해 보며 조금은 특별한 분이라는 기억이 들었다. 마침 처음 취직한 북창동의 서울 통상은 김재규, 차지철 등이 사장실을 드나들었다고 하는데, 가발과 섬유 등 무역을 장려하고 최 회장에게 은행 융자를 독려하였음을 당시 비서로 있던 분은 증언한다. 선배들의 말씀이다. 박 대통령이 없었더라면 우리는 아직도 가난에서 벗어나지 못했을 것이라고, 이후의 시대는 대부분의 친구들이 무역전쟁에 나서 경제전선에 뛰어든 70년대로 이어지는 역사로 기록되었다. 나 자신도 시외의 시골이나 한양대 뒷산의 판자촌에서도 의류 하청을 하고 있던 하꼬방을 찾아간 일이 있기 때문이다.

한국이라는 나라의 중요한 영적인 원리는 이승만, 박정희, 김대중, 김영삼, 노무현 전 대통령에 대한 국가적, 국민적 예우이다. 이승만은 세계의 탁월한 대통령으로서 미국의 어느 대통령도 능가하는 영성과 지혜를 갖춘 분이시다. 하늘이 대한민국의 국부로 내리신 선물이다.

박정희 대통령도 그 시대의 영웅으로 불러질 만한 분이시다. 친일이나 친미는 아름다운 용어로 각색하는 현명한 두뇌가 필요하다.

혹자는 과거의 반미운동을 어떻게 평가하는가?

지금 반미운동이 성공하여 미군이 철수했다면 말이다.

중국은 남한을 일본의 연합으로 보면서, 북한과 러시아의 동맹을 최근 선포하였고 이러한 상황에서 우리는 일본과 오까나와의 미군을 필요로 하지 않는가?

김대중, 김영삼, 노무현 등도 한국이란 우물 안 개구리에서 최선을 다한 분들로 평가하는 것이 중국이나 일본 등에서 배워야 할 분야이다. 그러므로 이러한 시각으로 본다면 일본인의 신사참배를 욕할 것이 아니라 왜 국민들이 그곳에 와서 기원과 참배를 하는지 그들의 정신을 다시 분석해 볼 필요가 있다. 그 사람의 영의 뿌리와 민생과 사회적 배경이 사건의 방향을 주지하기 때문이다.

### 7. 생명나무 영의 뿌리

  7월 14일 조기 은퇴 후 많은 활동으로 인하여 찾아보기 힘들었던 이동원 목사가 홍콩에서 말씀을 증거하였다. 거듭남의 세 단계로서 믿음의 의로움, "너희도 거룩하라"의 성화, 그리고 하늘에 속한 형상을 입는 영화(고전 15장)이다. 히브리서 5:5, 9은 증언한다.

> 또한 이와 같이 그리스도께서 대제사장 되심도 스스로 영광을 취하심이 아니요 오직 말씀하신 이가 저더러 이르시되 너는 내 아들이니 내가 오늘날 너를 낳았다 하셨고 … 받으신 고난으로 순종함을 배워서 온전하게 되었은즉 영

원한 구원의 근원이 되시고(히 5:5, 9).

곧 영광으로 낳은 구원의 근원이다. 그것이 바로 영광의 "비침이며 성령에 참예한 바 되고 하나님의 선한 말씀과 내세의 능력을 맛보는 경지이다(히 6:4-5). 우리는 성화의 끝이 영화가 되는 것으로 이야기할 수 있지만, 성화라는 거룩함에는 하나님 나라가 이미 영광으로 임하는 것임을 깨달아야 한다. 성소의 휘장은 반으로 찢어졌으며 우리는 예수를 통하여 지성소에 들어가 주의 약속을 기업으로 받는 영화를 이 땅에서 성취하는 것이다. 그것이 바로 성령으로 임하시는 기름부음(눅 4:18)이다. 이 기름부음이 없이는 복음으로 인한 "포로된 자의 석방과 눌린 자의 자유케 함"은 불가능하다. 이것이 바로 "내세의 능력을 맛보는" 생명나무의 실이다.

주의 영과 영광을 보매 그와 같은 형상으로 변화하여 영광에서 영광에 이르니 곧 주의 영광으로 말미암음이니라 (고후 3:18).

지난 6월 13일 한국의 어머니 병문안을 가는 길에 아내 메이가 버스에서 겪은 일이다. 어느 홍콩 여인이 버스에 탔는데 15분쯤 지나자 자리에서 일어나 벽에 기대고 머리를 팔에 묻었다. 옆

자리에 앉았던 메이가 물었다.

"어디 아픈 곳이 있으세요?"

그녀는 허리가 아프다고 하였고 메이는 두 팔을 앞으로 뻗고 치료를 명령하였고 앉힌 다음에는 두 다리을 앞으로 뻗게하고 기도하고 복음을 전하였다. 세상이 모르는 하나님의 나라가 치료와 구원으로 임한 것이다.

인간의 심령에는 견고한 진으로 역사하는 죄악되고 상처받은 영이 있다. 이렇게 묶이고 매여 있는 자유하지 못한 영이 인간의 생각을 좌우하는 현상이 강박관념이다. 진리와 사랑이 아닌 참소자의 영이기 때문에 "죽이고 멸망시키는" 악한 자의 영에 뿌리로 접속되어 있다는 사실이다. 그러므로 시기와 분쟁으로 구원의 길을 차단하며 거짓의 당파로 활동하는 것이다. 세상의 주관자 곧 파괴자, 무신론, 거짓 선지자, 용으로 활동하는 적그리스도의 현황이다. 각 개인의 마음과 심령의 뿌리가 흑암에 묶인 만큼 생존의 영은 병이 들어있는 것이다.

"모든 생각을 사로잡아 그리스도에게 복종하게 하는" 영의 뿌리를 새롭게 하는 성령을 보아야 한다. 고린도후서 10:4의 "어떤 견고한 진도 파하고"와 "모든 이론을 파하며", 5절의 "사로잡아" 이 세 가지로 설명한다. 중국 성경처럼 공파(攻破) 곧 공격하여 무너뜨리는 것이다.

역대하 7:1, 13-14은 주의 영광이 하나님의 성전(성도)에 이르면 치료와 산업과 땅을 고치시는 회복을 약속하시고 계신다. 곧 기도하여 내 얼굴을 찾으면 내가 하늘에서 듣고 그들의 죄를 사하시고 그들의 땅을 고칠지라, 그리고 그 약속은 예수 그리스도의 십자가로 "다 이루었다"로서 성취되었다.

그가 채찍에 맞으므로 우리는 나음을 받았도다(사 53:5).

그가 우리 대신 채찍에 맞는 고통과 아픔이 우리를 고통과 병에서 해방하신 것이다. 그 값을 치루어 주심으로 나음을 얻은 것이다. "**그가 채찍에 맞음으로**(With his stripes we are healed) 우리가 나음을 입었도다"는 이 한 구절에 우리의 치료와 회복이 담겨있다. 즉 희락과 파워, 능과 영으로 되는 것이다.

지난 4월에 사람은 죽으면 무로 돌아간다고 말하던 삼촌이 드디어 예수를 믿게 되었다. 우리가 해외에 거주하므로 잠시 만나던 차에 작은 어머니가 장기간 병환을 겪으면서 방문과 기도 사역으로 만나게 된 연고로 인한 것이다. "천국이 있다," "지옥이 있다" 설명하면 이야기가 길어지고 토론이 될 뿐이다. 장기적인 병세에 안수기도를 하고 바로 영접기도를 따라하라고 하였다. 이미 오래된 고난을 통하여 영혼은 돌파구를 찾고 있던 상황에 서였다.

어느 정도는 멋적은 듯이 "하나님 제 죄를 용서해주세요. 예수님 제 마음에 들어오십시오."

말하는 눈가에는 눈물이 적시기 시작하였다. 영으로 하나님이라는 세 글자를 불렀고 죄라는 단어와 용서를 짚어나간 것이다. 이해를 구하는 설명이 아니라, 영의 회개이며 성령이 하시는 작업이다. 그리고 "예수님 제 마음에 오세요"로서 예수님을 초청하였다. 그 초청은 삼촌과 예수님의 대화로 전도자나 사람의 소리가 필요없는 것이다. 이것이 "두 종류 사람"의 혼미한 영(고후 4:4)에 대한 전도법이다. 즉 "내 전도함이 설득과 지혜의 말이 아니라 다만 성령의 나타나심과 능력으로 하여, 이는 우리 복음이 말로만 이른 것이 아니라 또한 능력과 성령과 큰 확신으로 된 것임이라"(고전 2:4; 살전 1:5)와 같다.

지난 공장 사역에서도 경험이 많은 현지 전도사가 전도한 결과는 잠시 고려해 보겠다는 결과였다. 마침 혈압을 재주던 아내 메이가 바로 붙들고 그 자리에서 영접 기도를 시켰다. 전도사는 복음을 잘 설명해서 어느 정도 이해를 하는지 살펴 보았으나 메이는 성령의 큰 권능을 의지하였다. 머리의 이해보다 가슴으로 머리에 이르는 영적 전도이다. 예수 영접 후에 말씀을 들으면 성령이 영으로 복음을 가르친다.

곧 이어서 공장의 사역 중에 청년 제자인 중국 의사가 메이를 불렀다. 공원의 다리가 3cm 정도 짧다고 하였다. 메이의 기도로 짧은 다리는 정상으로 회복되었다.

중국 사람들은 "죄"라는 단어에 많이 걸린다. 이해가 아니라 죄인은 성령으로 선포하여 깨닫는 것이다. 곧 성령과 거룩한 하나님 앞에서 누구나 죄인이라는 선포이다. 아무리 조그만 죄도 죄에 속함을 이야기해 주면 된다(롬 3:23). 성령의 능력과 확신으로 믿는 두 종류의 사람들 전도법에 이어 로마의 길(Roman's Road)인 로마서 3:10; 5:8; 10:9과 기도법을 가르친다.

이제 우리는 내 인생의 뿌리가 천국을 향하고 있는지 아니면 지옥으로 갈 것인지 감찰하고 분석하는 단계로 들어가 본다. 지옥과 연옥 혹은 천국에 합당한 열매를 단테가 설명하여 준다. 영벌과 영생은 성령의 열매를 맺는 자와 악한 열매를 맺는 자로 갈라진다.

단테(Durante Alighieri, 1265 – 1321)가 말하는 천국과 지옥으로 향한 뿌리를 이 세상의 열매로 연결해 본다. 단테도 자기가 본 것을 형언할 수 없다고 했으니 성경과 성령의 조명을 해 본다. 그러나 보라, 많은 사람들이 '그리스도여, 그리스도여!'라고 외치는데 그들은 그리스도를 몰랐던 자들이라기보다 그에게서 멀리 떠난 자들임을(단테, 『신곡』, 천국편, 제19곡, 106~108행).

> 나더러 주여 주여 하는 자마다 천국에 다 들어갈 것이 아니요 다만 하늘에 계신 내 아버지의 뜻대로 행하는 자라야 들어가리라 그날에 많은 사람이 나더러 이르되 주여 주

여 우리가 주의 이름으로 선지자 노릇 하며 주의 이름으로 귀신을 쫓아내며 주의 이름으로 많은 권능을 행치 아니하였나이까 하리니 그 때에 내가 저희에게 밝히 말하되 내가 너희를 도무지 알지 못하니 불법을 행하는 자들아 내게서 떠나가라 하리라(마 7:21-23).

## 8. 지옥과 천국

우리의 신앙의 뿌리는 어디로 향하고 있는가?
아래에 열거하는 항목에 스스로 비추어 판단해 보고자 한다.

음행하는 자들과 살인자들과 우상 숭배자들과 및 거짓말을 좋아하며 지어내는 자는 다 성 밖에 있으리라(계 21:8; 22:15, 불 못).

여기에서 "성 밖"이라는 엄중한 단어에 초점을 두고 있다. 하나님이 주신 재능을 소홀히 하여, "한 달란트를 빼앗긴 이 무익한 종을 바깥 어두운 데로 내쫓으라 거기서 슬피 울며 이를 갈리라 하니라"(마 25:30) 하는 것과 마찬가지이다.

- 제1층 **림보(변옥)**(Limbo): 고대인이나 아기 등 세례는 받지 않은 선한 자가 가는 곳으로 어떠한 형벌도 받지 않으나 대신 신을 볼 수 없다.

- 제2층 **색욕 지옥**: 색욕에 빠져 간통을 저지른 자들이 가는 곳으로 시도 때도 없이 폭풍에 휩쓸려야 한다. 이 중에서는 프란체스카와 파올로도 포함되어 있다.

- 제3층 **탐욕 폭식 지옥**: 폭음 폭식에 빠진 자가 가는 곳. 죄인들이 더러운 비를 맞고 흙탕물에 누워 신음하고 있으며 케르베로스가 시도 때도 없이 죄인들을 물어뜯는다.

- 제4층 **인색 지옥**: 이기적이고 탐욕스러운 자가 가는 곳. 자신들이 모았던 커다란 돈주머니를 굴리는 형벌을 영원히 받는다.

- 제5층 **분노 지옥**: 분노의 감정을 억제하지 못하고 죄를 저지른 자들이 가는 곳. 스틱스 강이 주변을 두르고 있으며 중심부에는 디스의 성벽이 있다.

여기까지가 윗 지옥이며 6층의 아래 지옥에서부터 불 심판을 받는다.

- 제6층 **이단 지옥**: 이단자들이 가는 곳. 죄인들은 뜨거운 관 속에서 신음하며, 죄악의 정도에 따라 열의 세기가 심해

진다. 이중에는 영혼도 원자와 함께 분해되어 없어진다고 믿었던 그리스 철학자 에피쿠로스도 포함되어 있다.

- 제7층 **폭력 지옥**: 폭력을 휘두른 자들이 타인에게 해를 끼친 자, 자신에게 해를 끼친 자, 신과 자연에게 해를 끼친 자로 나뉘어 고통받고 있다.
- 제8층 **사기 지옥**: 사기로 주변 사람들을 파멸로 몰아넣은 자가 10가지 죄로 나뉘어 10종류의 벌을 받고 있는 곳. 교황 등 포함.
- 제9층 **반역 지옥**: 국가, 가족, 친구, 스승, 은인 등을 배신한 자들이 가는 곳으로 영원히 차가운 얼음 속에서 신음해야 한다. 루시퍼가 머물고 있는 곳이기도 하다(Alister E. McGrath,『기독교 신학』[Oxford: Blackwell Publishers, 2001]).

그렇다면 지옥과 연옥은 무엇이 다른가?

지옥은 천국으로 갈 수 있는 희망이 없는 곳이며(별이 보이지 않는 곳), **연옥**은 천국으로 갈 수 있는 희망이 있는 곳이다(별이 보이는 곳). 같은 죄를 지었더라도 죽기 전에 진심으로 회개를 했더라면 연옥에서 죄를 정화하며 천국으로 갈 기회를 엿볼 수 있다는 것이다.

연옥은 7층으로 이루어져 있으며, 교만, 시기, 질투, 분노, 태만, 인색, 낭비, 탐식, 애욕의 죄 등 지은 죄에 따라 영혼들이 머무는 곳도 다르다.

**천국**은 지옥이나 연옥과 다르게 행복과 기쁨만이 넘쳐난다. 하지만 천국도 지옥이나 연옥처럼 생전에 행했던 선행의 무게에 따라 등급이(상급, 히11:6, "그가 자기를 찾는 자들에게 상 주시는 이심을 믿어야 할지니라") 매겨져 있으며 더 높은 하늘로 올라갈수록 더욱 행복하고 더욱 빛나고 더욱 기쁨을 느끼게 된다. 자신이 품었던 온갖 의문에 대한 해답을 구하고, 사도(베드로, 야고보, 요한)들에게 하나님을 만날 수 있는 자격을 얻고 난 후 마침내 단테는 하느님이 머무는 정화천(엠피리오)에 도착하여 행복과 기쁨의 극치를 맛보게 된다

천국에 도착한 단테는 베아트리체의 도움으로 천국에 있는 10개의 하늘로 오른다.

- 제1하늘 월천: 폭력 때문에 서약할 수 없었던 영혼들
- 제2하늘 수성: 아름다운 이름을 구한 영혼들
- 제3하늘 금성: 사랑에 불탔던 영혼들
- 제4하늘 태양: 지식인의 영혼들
- 제5하늘 화성: 믿음을 위해 싸운 영혼들
- 제6하늘 목성: 지상에서 정의를 행했던 영혼들
- 제7하늘 토성: 묵상 생활을 한 영혼들

- 제8하늘 항성천: 승리에 빛나는 영혼들
- 제9하늘 원동천: 천사들의 거처
- 제10하늘 정화천: 성삼위일체의 거처

지옥과 천국에 대한 이마미치 교수의 해석이 감동적이다.

> 지옥은 어떠한 희망도 없는 곳이다. 그곳을 지나는 사람이 볼 수 있는 것은 슬픔과 비탄과 고통뿐이다.
> 그렇다면 우리가 살고 있는 이 세상은 어떤가?
> 그리고 나 자신은 어떤가?
> 슬픔과 비탄과 고통이 늘어가고 있는 이 세상은 이미 지옥이 아닌가?
> 타인에게 슬픔과 비탄과 고통을 안겨주고 있는 나 자신이 이미 지옥이 아닌가?
> 세상을 천국으로 만들려면 나 자신부터 천국이 되어야 한다(알리기에리 단테 지음, 한형곤 옮김, 『단테 신곡』, 이마미치 도모노부 지음, 이영미 옮김, 『단테 신곡강의』)

2016년 안식년을 마치고 홍콩으로 돌아왔다. 그런데 이제는 전과 같지 않아서 "그만 둘 때가 되었다"는 마음을 갖게 되었다. 2015년까지의 기적 같은 사역들이 사라지고 있기 때문이었다.

새벽에 기도를 하면서 3일 후에 꿈을 꾸게 되었다. 혹시 내가 12년 전에 가려고 했던 일본으로 선교지를 옮길까 하는 상황에서였다.

> 5월 17-19일 마침 중국의 세 번째 실세인 장덕강이 홍콩을 방문하는데 먼지로 가득한 홍콩에 환기를 하려는 것이다. 꿈에 내가 홍콩을 떠나 밑으로 가니 낭떠러지가 보이고 옆으로 내려가는 길은 엉성한 나무기둥이 있어 밟고 앞을 보았다. 허공이나 사막 위에 걸린 듯한 나무 떼가 건성건성으로 흔들리며, 왼쪽 옆의 담장 역시 흐물한 높은 곳에 자리하였는데 갈 수도 없는 위치이었다.

나는 정신이 번쩍들었다.
'이제는 돌아가기도 어렵게 되었으니 골로 가겠구나! 강을 건넌 강촌인가?'
그곳이 물을 건너 가는 강촌이라는 것이다. 그래서 일본행을 포기하였다.
우리가 중요한 사역을 할 때에도 "전도단"이 흐물거리는 꿈을 보게도 된다. 우리는 그 먼 공장 근처나 지역의 전도자가 오기 때문에 그 곳에서 전도의 요령을 가르치고 합심기도를 하며 사역을 하는 긴박한 상황을 종종 맞기 때문이다. 여러 번 방문하였던 어느 큰 공장에 가야 할 상황에서 "밥 그릇을 떨어뜨리는 꿈을 꾸었다." 회사의 간부들과 사장에게 이메일이 접속되지 않는 결과를 초래하였다.

회사가 넘어간 것일까?

집도 이름도 없이 떠도는 도망자, 왜 나는 돌아갈 곳이 없는가?

칠흑 같은 밤, 골목길을 서둘러 가면 또 하나의 골목길이, 그리고 드디어 나의 집에 이른다.

그러나 그곳은 나의 집이 아닌 것을?

유일한 후견인 한국의 누이동생에게 전화를 건다.

"오빠, 그만두고 여기 돌아와 살아 … 그리고 끝없는 침묵이 흐른다."

우리는 아무 말도 못한채 그렇게 마지막 이별을 고하는 것이다.

가도 가도 새로운 그 길을 도망자는 다시 떠난다. 한때는 아름다운 추억의 꿈을 먹고 살아가던 외로운 길엔 다정했던 그대가 있었지. 그러나 지금은 있어도 없는 듯 무너지는 고독에 사무치는 노을이다. 고구려, 북간도, 옛 고향을 상념하며 생선처럼 도막난 남북한을 그리어 본다.

언젠가는 다시 돌아가야 할 그 곳, 동방의 이스라엘은 영의 이슬이 눈물처럼 흐르고 있다.

우리의 희망인 생명나무, 빼앗긴 동토를 향하여 도망자는 마지막 용트림을 쏟아낸다.

영의 전쟁이 끝나는 그날은 언제일까?

영으로 보는 한국사, 우리의 역사를 돌이키는 작업은 무력이 아니라 이상이다. 이 땅에서 기원하는 이상은 하늘의 응답을 가져오고야 마는 것, 다만 영이 걸어온 한국의 역사를 영으로 해석하는 지혜이다. 시온의 감람산은 동방에도 꽃을 피우게 된다.

그때에 우리는 하늘이 우리에게 맡겨졌던 은사와 사명을 보고하게 된다.

하나님의 대한민국, 아름다운 사람들, 그리운 고향, 도망자가 돌아가는 그날에, 우리는 다시 한 번 기쁨의 해후를 이루어 낼 것인가?

주의 별무리와 곧 쫓겨날 사탄의 별들이 아롱지는 한 밤이다.

# 맺는 말

21세기의 성령의 전략은 "메시아닉 비전"(Messianic Vision)으로 돌파하는 것이다. 이것이 바로 나라와 백성을 압제하는 "견고한 진"을 조명하는 조명탄이기 때문이다. 캄캄한 불모지에 좋은 씨를 뿌리는 보이지 않는 영의 누룩작전이다. 곧 우리가 찾고 있는 복음주의가 상승하는 다음 단계요 마지막 권능이다. 이 열쇠는 요한계시록 2-3장의 "귀있는 자는 성령이 교회들에게 하시는 말씀을 들을지어다"에 근거한다. 환언하면 영으로 초월하는 성령장로교, 성령감리교 등을 말한다.

현재 싱가폴에서 태동한 로렌스 콩 목사의 믿음공동체침례교회(Faith Community Baptist Church)로서 소위 '성령침례교회'이다. 그가 주도한 2013년 10월 18-21일의 교토의 '전일본성령대회' 즉 'All Japan Empowered 21'에 6,500명이 모였으며 젊은이 80명이 헌신하는 금식기도와 24시 기도로 부흥하였다. 이후에 이 대회는 홍콩과 예루살렘을 강타하였다. 다른 것으로는 해답이 없는 것이 성령의 시대에 초월의 영이 "도시의 강한 자" (strongholds)를 묶고 타파하는 이유이다. 이로써 율법주의와 인본주의가 깨지고 무신론의 혼미한 영이 깨어나며, 야스쿠니 신사참배의 영이 풀려 묶였던 사람들이 해방되는 영의 전환을 말한다.

역사는 두 가지를 기록한다. 개인과 나라들의 의로운 피와 악한 자의 전쟁이다. 하나님의 음성을 듣는 무리 10%의 의로운 영과 세상의 음성을 듣는 사탄의 회 90% 이상이다. 하나님의 음성은 아담으로부터 아브라함, 모세, 사무엘과 선지자들, 그리고 예수를 통하여 사도와 요한계시록의 요한까지 성경을 망라한다. 곧 영으로 "세미한 음성"으로 말씀하신다(헨리 블랙가비, 크라우드 킹, 『하나님을 경험하는 삶』 [Lifeway, 1990]).

인간의 조직 사회는 진리를 떠난 영의 뿌리이며 주를 싫어하는 연합이라는 막대기(슥 11:14)는 하늘의 심판 앞에 놓이게 되는 것이다. 알고도 속아 유황불에 참여함은 자연의 법칙이다. 그러므로 사랑하는 자에게 함께하시는 진리의 성령이 내주하지 않으면 가식된 거짓 선지자와 더불어 불 못에 참여하는 90%가 되는 것이다. 하나님의 뜻과 일과 마음을 아는 자와 세상에 바쁜 자의 두 가지를 말하며, 성령이 떠난 큰 교회당은 니골라당의 마귀 봉사활동에 지나지 않는다. 삼판의 일곱째 나팔이 불 때에는 오직 10%의 소수가 승리하는 것이다.

주를 사랑하는가?

요한계시록에는 수없이 많은 보물이 숨겨져 있다. 그러나 아무리 날고 기는 자라도 영의 맥을 잡지 못하면 불발탄을 열어 터지는 참람한 결과를 가져오게 된다. 정확한 탐구가 아니면 헛다리를 집고 돌이킬 수 없는 낭패로 추락한다는 말이다. 즉 영이 빠진 자가당착을 감수하고도 뒷감당의 책임을 걸머쥐는 황당함이며 귀신들린 말을 내뱉게 되는 것이다.

> 유대인(교인)들이 대답하여 이르되 우리가 너를(예수) 귀신이 들렸다 하는 말이 옳지 아니하냐(요 8:47-48).

그 귀신들린 진리를 찾지 못하는 90%에서 나와 성령의 음성과 말씀을 들어야 한다. 홍콩에서 급속히 부흥한 교회는 복음주의 4인방 계통의 차세대교회이다. 가정 교회에서 출발하여 몇 년 만에 가장 큰 실세가 된 교회는 "알이랑"(하나님과 함께)이라는 DNA의 요소에 기인한다. 우리 민족이 고조선의 역사 이래로 부르는 아리랑 고인돌교회의 찬송을 칭하는 것이다. 곧 "모든 찬송과 기도로 성령 안에서 그리고 하나님의 영광으로 지혜와 계시의 영을 주사"(엡 1:17; 6:18-19, the spirit of wisdom and revelation, KJV) "그의 힘의 강력으로" 역사하는 초월의 영을 말하는 것이다.

맺는 말　179

　　이렇게 오늘날까지 역사하는 영적인 모델과 틀이 보이면 요한계시록의 예언을 세상의 사건과 역사로 풀어 나가는 현상이 나타나며, 하나님의 일곱 영과 사탄의 별들이 구별되는 계시록이 열리는 것이다. 최근 영국의 이탈로 유럽연맹이 분노하는 역사는 적그리스도가 나타나는 순서이며 큰 환난의 시작을 알리는 경고이다. 그리고 이어지는 시간표는 짐승의 권세로 인한 3년 반의 핍박과 예수의 심판의 재림인 2020년 전후이다. 예루살렘의 가정 교회에 성령이 15개국의 방언과 불로서 강림하신 다락방, 복음의 출발인 사도행전이 시작한 A.D. 33년의 오순절은, 2천년이 지나면서 중국에서 열매를 맺는다.

　　그리고 중국 가정 교회의 2억 성도와 세계를 대표하는 5천 지도자는 2015년 5월 20-25일의 세계오순절대회(Empowered 21)로써 교회사는 예루살렘에서 막을 내리게 되었다. 이와 동시에 사탄은 동방의 이스라엘인 한국에서 "모세의 자리"를 차지하는 동시에, 세계교회협의회(WCC[The World Council of Churches])의 단합으로 세계교회의 정복을 선언하였고, 교회시대는 2017년을 바라보며 용의 승리로 막을 내리는 것처럼 보인다.

　　WCC가 2013년 부산에서 개최된 2013년 10월 30일-11월 8일의 제10차 총회는 거짓 선지자를 가려내는 하늘의 도구였다. 곧 한국 교회의 영적인 장례식이었으며, 여기에는 한국의 원로 지도자들이 대거 참여하였고, 통합, 기감, 기장, 성공회, 구세군,

한국정교회가 이름을 올렸다. 큰 성 바벨론의 면류관을 탈취한 이 세상 임금인 사탄은 마지막으로 한국을 무너뜨렸다. WCC(5억 8천만 신자)는 로마 가톨릭과(흰 교황), 큰 성 로마의 짐승인 예수회(검은 교황)와 합세하여, 적그리스도인 짐승과 연합하고, 음녀와 거짓 선지자로 군림하여 세계적으로 1,000만 명이 넘는 프리메이슨과도 연합하고 있다. 이러한 영적인 타락의 후폭풍은 하늘의 진노로 응답하게 된다.

마지막 때에 곧 미국 대선을 전후하여 남방왕 오바마와 미국은 북방왕 푸틴에게 시리아를 내어 주고 말세의 대적 이란에는 수조 달러대의 현금을 양도하고 있다(www.trunews.com). 남한과 이스라엘은 물론 세계는 대환난으로 함몰한다(단 11:40-41). 이러므로 충성되고 지혜있는 종이 되어 너희도 예비하고 있으라(마 24:45). "서기관들과 바리새인들이 모세의 자리에 앉았으니" 언행이 일치하지 않는 가짜, 곧 외식하는 자, 다시 말하자면 사탄의 회요 또 그 무리인 니골라당으로서 발락과 이세벨의 영이요 삯꾼인 목사와 장로들이 교회를 빼앗아 통치하고 있다는 상황이다. 교회의 이름으로 나타난 새끼 양 같이 두 뿔을 가진 세상의 용을 속아 따랐다는 사실(계 13:11)이다.

모든 교회는 스스로 추수하는 "침노하는 자"가 되어, 하나님의 나라, 천국을 회복해야 한다. 눈에 보이지 않는 영의 전투, 그들은 부요하다고 하나 벌거벗은 성도들이다. 그러나 실상은 마귀의 무리이다(계 2:9). 환난 날에 나를 비밀히 지키시는 하나님께 바라는 한 가지 일 그것은 여호와의 아름다움을 바라보며 그의 성전에서 사모하는 그것이다(시 27:4).

한국 민족의 터전이었던 중국과 간도, 그리고 역사의 장에서 주의 제사장의 자리를 빼앗은 패역자는 "고려방자"의 영이다. 이제 우리는 잃어버린 북간도를 찾을 것이 아니라 "침노하여 점하는" 거룩한 승화를 보아야 한다. 열방과 민족은 이제 그리스도 안에서 하나가 되었기 때문이다.

하늘의 고향 별자리를 그리며 모였던 7만 개의 고인돌교회에서 찬양하던 동방의 히브리 민족, 그렇다 하나, 마귀의 거짓 영이 온 나라 백성의 입에 거짓으로 임한 이 땅에도 한 줄기 계시와 회복의 영은 비출 것인지?

그 영은 성령의 사랑이며 온유와 참음에 기인한 큰 능력이다. 원고를 마치면서 한가지 프로젝트를 제시한다. 진리를 따른 개혁과 누룩전략으로 '새한국 기독교 협의회'를 창설하는 일이다. '새기협'은 갈라디아서 5:1로 우리 민족이 종의 명에를 메지도 지우지도 않는 통일의 전략이요 7만 고인돌교회를 재생하는 길이다. 남한에 4만 5천 교회, 북한에 2만 5천 교회로서 교권에 속하지 않는 주가 목자되시는 독립교회협의회를 칭하는 것이다.

새 영의 기독교로 과거의 교권의 죄악을 씻고 새 출발을 하게 되는 것이다. 새로운 민족을 이룸은 새로운 영과 정신을 요구하는 것이다. 회장이 없이 7명 정도의 간사로 인터넷 SNS등의 협의회를 실행하면 될 것이다. 아무쪼록 이 책이 논증하고 있는 요한계시록의 말씀을 따라 우리 민족의 평화 통일의 대화합을 이루는 계기가 되기를 염원한다.

> 믿음이 연약한 자를 너희가 받되 그의 의견을 비판하지 말라 … 이는 하나님이 그를 받으셨음이라(롬 14:1-3).

2016년 10월

## 미래의 그대

수많은 사람들이 타고와 떠나는
그 열차에 그대는 서 있네
약속없이 왔다 기약없이 떠나는 그대

하얀 얼굴의 그 두 눈동자
담담히 도도하게 그대 떠나고 있네
그러나 나는 그대의 속삭임을 들을 수 있다

마지막 사랑은 떠나는 사랑이란 것을
그대 아플까 차라리
먼저 떠나는 사랑 그대여
오늘 나는 마지막 그대를 보고 있다

# 열린 계시록과 한국 통일
Open Revelation 2020

2016년 12월 10일 초판 발행

지 은 이 | 박제이

편　　집 | 정희연
디 자 인 | 이수정, 박슬기
펴 낸 곳 | 사)기독교문서선교회
등　　록 | 제16-25호(1980. 1. 18)
주　　소 | 서울시 서초구 방배로 68
전　　화 | 02) 586-8761-3(본사) 031) 942-8761(영업부)
팩　　스 | 02) 523-0131(본사) 031) 942-8763(영업부)
홈페이지 | www.clcbook.com
이 메 일 | clckor@gmail.com
온 라 인 | 기업은행 073-000308-04-020, 국민은행 043-01-0379-646
　　　　　 예금주: 사)기독교문서선교회

ISBN 978-89-341-1595-3 (03230)

* 낙장 · 파본은 교환해 드립니다.

이 도서의 국립중앙도서관 출판시 도서목록(CIP)은 서지정보유통지원시스템 홈페이지(http://seoji.nl.go.kr)와 국가자료공동목록시스템(http://www.nl.go.kr/kolisnet)에서 이용하실 수 있습니다.
(CIP제어번호: CIP2016026083)